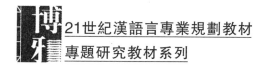

21世紀漢語言專業規劃教材
專題研究教材系列

音韻學答問

丁邦新　著

圖書在版編目 (CIP) 數據

音韻學答問 / 丁邦新著 .—北京：北京大學出版社，2016.9
（21 世紀漢語言專業規劃教材 . 專題研究教材系列）
ISBN 978-7-301-27338-8

Ⅰ．①音…　Ⅱ．①丁…　Ⅲ．①漢語—音韻學—高等學校—教材　Ⅳ．① H11

中國版本圖書館 CIP 數據核字 (2016) 第 181086 號

書　　　名	音韻學答問
著作責任者	丁邦新　著
責任編輯	王鐵軍　孫嫻
標準書號	ISBN 978-7-301-27338-8
出版發行	北京大學出版社
地　　　址	北京市海淀區成府路 205 號　100871
網　　　址	http://www.pup.cn　　新浪微博：@ 北京大學出版社
電子信箱	zpup@pup.cn
電　　　話	郵購部 62752015　發行部 62750672　編輯部 62753334
印刷者	三河市博文印刷有限公司
經銷者	新華書店
	650 毫米 ×980 毫米　16 開本　11.5 印張　175 千字
	2016 年 9 月第 1 版　2016 年 9 月第 1 次印刷
定　　　價	32.00 元

未經許可，不得以任何方式複製或抄襲本書之部分或全部內容。
版權所有，侵權必究
舉報電話：010-62752024　電子信箱：fd@pup.pku.edu.cn
圖書如有印裝質量問題，請與出版部聯繫，電話：010-62756370

自　序

　　2004年的秋天我到北大漢語語言學中心開設音韻學講座，一共講了十六次。設計的辦法是主講一次，答問一次。在我的經驗中，中國學生普遍不大肯當面提問題，我就請大家以書面提問。我在課堂上讀出問題的內容，然後加以解答。累積了八次的答問，也就是十六小時的討論，篇幅相當可觀。主講的內容已然整理成書，就是《音韻學講義》（2015），由北京大學出版社印行。北大的張渭毅先生早就勸我把答問的部分也整理出來，別爲一書，他認爲答問很有參考的價值。最近北大出版社的王飆先生也有類似的意見。王先生的來信說："講義循規蹈矩，答疑則是辯難之中學養與靈感激蕩的產物，是真正的解惑。"也許那些問題中有不少問題是漢語語言學研究生普遍的問題；也許對同學們走上音韻學研究之路有借鏡的作用；回答得不對，也許可以引起同行們的討論，使真理愈辯愈明。就在這幾個"也許"的前提之下，我同意整理出來，命名爲《音韻學答問》。

　　整理的過程非常複雜，先是由當時北大的研究生秦曄、聶海平、孫順整理初稿。再由北大的本科生雷瑭洵、葉述冕、向靈風、吉雪霏四位同學跟邯鄲學院的劉景耀教授和劉芳老師整理出第二稿。張渭毅先生在第二次整理稿的基礎上，重新核聽了兩遍，然後整理成第三稿。最後再由我自己閱讀改正。更動了一些記錄不清的句子，改用了一些更容易明白的例子，刪去了一些口誤跟無法還原的問題，也偶爾增加了回答時忘記強調的重點。但是如果沒有上述各位的協助，這本小書是不可能跟讀者見面的。當然如果還有錯誤，完全由我負責。

　　在重讀的時候，才發現原來每一堂課回答的問題五花八門，相當雜亂。所以我就把八堂課中的問題分門別類，按每一個問題的性質大致先分類，再按主題重新歸納爲現在的六章。雖然已經不是原來上課時的面貌，但是每一個問題跟回答還是原汁原味。其實這些答問中牽引出來的問題遠比解決了的問題更多，所以在讓同學們參考的同時，真是藉此機會向同行們誠懇地請教。

有些問題的內容比較長，我把個別的問題都分開來，並以簡要的關鍵字標明，作爲小節的題目。一小節之下有時包括好幾個問題，使讀者在雜亂的材料中找到一點頭緒。對於沒有興趣的問題可以直接略過，對於有興趣的問題可以細看。回答的內容有時牽涉到《音韻學講義》，因爲本來就是主講跟答問間隔著安排的，爲免辭費，答案中有的地方顯得交代不清，只好請讀者參看《音韻學講義》。兩書合璧，才是千石齋老人的武林秘籍！

講座距離現在十年了，檢討我當年回答問題時的深度和廣度，實在是不足。但總是代表做學問的路上經歷的過程，就讓它面世，當作一個紀念吧！

上最後一堂答問課的時候，收到一個不是問題的字條："我是一個聽課者，既不是學音韻學的，也不是英雄豪傑。但是聽您的課，學了不少知識，更受到了很多啓發，正如聽龔先生的課一樣，獲益匪淺。寫個小條，表達普通學生的感謝，有感於週三您動情的準告別。祝身體健康，工作順利！2004年12月24日。"

我的回答是："這兩個月以來，我很高興。因爲這次是我做的一個試驗，我從前沒有這樣做過。假如不是有這麼多人聽講的話，我也不能做這個試驗，不能夠一次講課，一次討論。前面的七次討論幾乎都沒有空白的時間，幾乎都是回答問題，可見聽衆的投入相當多。我很感謝你們的熱情！"

那時中文系的副主任是朱慶之先生，在結束之前，他做了一個結論，這裏記錄其中的一段："我自己有個感受。我想大家也聽過前面龔先生的課。像龔先生、丁先生，他們除了受中國傳統的文化影響以外，也有在海外留學的經驗，所以在教學方法上，在對待學問的態度方面，特別是對待批評、對待不同意見的態度方面，都有值得我們學習的。我想大家都有感觸。我自己覺得印象最深刻的也是，過去好像我們中國學生就是坐在台下，聽老師在那兒上課。

如果你要說一個不同意見或是提一個問題，老師會生氣的。這裏面反映出的確實是有差異的。我希望我們聽丁先生、龔先生他們講課，除了具體內容以外，可能更重要的是方法、態度，對待學問的態度。我想大家一定會有收穫的。"

　　2004年龔煌城先生先在北大講上古音，我接著龔先生講中古音。現在龔先生已歸道山。能夠談學問的好友零落，讓我有寂寞的感覺。幸好回憶在北大的那兩個月，就像上面兩段記錄文字所顯示的，還是充滿溫馨。最後我要感謝陸儉明教授的邀請，讓我有機會到北大講演；也特別感謝蔣紹愚教授的鼓勵，使這本小書得以出版。

丁邦新
二零一五年中秋節於灣區千石齋

目 录

第一章 通 論 …………………………………… 1
  一、音韻學入門 ………………………………… 1
  二、研究漢語音韻學的目的 …………………… 9
  三、語音資料的系統性 ………………………… 12
  四、漢語的封閉性 ……………………………… 13
  五、文字與語言的關係 ………………………… 14
  六、方言與語言的界限 ………………………… 21
  七、方言的存古性 ……………………………… 22
  八、對轉現象 …………………………………… 22
  九、四聲別義 …………………………………… 24

第二章 上古音 …………………………………… 25
  一、諧聲時代 …………………………………… 25
  二、同源字 ……………………………………… 30
  三、複聲母 ……………………………………… 32
  四、喻四的上古音 ……………………………… 35
  五、上古音中的 ɤ ……………………………… 36
  六、上古音中的介音 …………………………… 37
  七、韻母的擬測 ………………………………… 40
  八、韻部與聲調 ………………………………… 45

第三章 中古音 …………………………………… 55
  一、《切韻》的性質 …………………………… 55

二、中古音的擬測 …………………………………… 72
　　三、開合口 ………………………………………… 92
　　四、聲調問題 ……………………………………… 93

第四章　近代音 ……………………………………… 107
　　一、宋代的舌尖音 ………………………………… 107
　　二、輕重的意義 …………………………………… 108
　　三、元代的資料 …………………………………… 109
　　四、明清官話 ……………………………………… 116

第五章　現代方言 …………………………………… 118
　　一、文白異讀 ……………………………………… 118
　　二、方言分區的條件 ……………………………… 119
　　三、調型與調值 …………………………………… 120
　　四、北京話中入聲字的演變 ……………………… 140
　　五、吳語與閩語 …………………………………… 141
　　六、韻尾的問題 …………………………………… 142

第六章　雜　論 ……………………………………… 143
　　一、漢語與字音 …………………………………… 143
　　二、普通話及其他 ………………………………… 145
　　三、崑曲的音韻 …………………………………… 148
　　四、詩詞錄音帶 …………………………………… 148
　　五、兒化的問題 …………………………………… 151
　　六、漢語、台語與質變 …………………………… 152
　　七、對北大漢語史專業的期許 …………………… 159

參考文獻 ……………………………………………… 160

附　錄　從歷史層次論吳閩關係 …………………… 165

第一章 通 論

一、音韻學入門

問：我對音韻學很感興趣，覺得它很成系統，而且能夠發現一些變化規律。由於自己沒有方言，對《切韻》也不熟，所以看別人的研究文章的時候很難發現問題，如果想要做研究的話，應該怎樣入門，練好基本功？很想知道您是怎樣走上音韻學研究的道路的。

答：這個問題很有意思，爲什麼呢？這個就像我那天講的我的出身一樣。（參看《音韻學講義》第一講。）有一些經驗可以說明一下。

首先，我先在問題中挑一個錯。他說由於自己沒有方言。這個話是不對的，爲什麼呢？除非你不說話，你說普通話，也算是方言，對不對？你說某一種話，你總得說話吧？那你說我說的就是亂七八糟的話，合在一起，那也算是方言，是幾種方言摻合起來的。所以這位同學，無論如何你自己一定有方言。

又說《切韻》也不熟，所以看別人文章根本看不懂。我告訴你，只有兩個辦法：一個辦法，我就是這麼做的，先研究自己的方言，不過你如果真的沒有方言當然就沒有辦法研究了。但實際上依照我講一定有一個方言，即使你的方言不標準，跟北京話不一樣、跟普通話不一樣或跟什麼話不一樣，但是你總有一種語言是你現在說的吧？那就先研究你這個語言，它的聲母怎麼樣，韻母怎麼樣，聲母跟韻母的關係，以及跟普通話的比較。以前比如趙元任先生他們調查方言，除掉這個方言跟古音的比較以外，通常有一個方言跟國語的比較，以便了解你的這個方言跟國語之間的距離是多遠。而且你假如要學好國語的話——我說的國語就是普通話，現在的普通話那時叫國語——那麼，你就應該知道你的方言跟國語有些什麼樣的不同。所以你可以從自己的方言入手，像我的碩士論文就是做如皋方言，就是江蘇如皋的方言，先從自己的方言做起。我做了以後，就好久沒有寫文章再回頭注意自己的方言。等到很多年以後，我才發現我們那裡有一個連音變化可以研究，才又寫文章。實際上，一個方言裡有好多東西可以發掘。

　　對於《切韻》也不熟怎麼辦？我告訴你，我們都有一個基本功，這個基本功我不知道這裡的學生練不練。我們把《廣韻》拿來，不是《切韻》，是《廣韻》，用一個白文本，就是裡面沒有注明聲母，也沒有注明韻母的。從頭把它翻檢一遍，把裡面的反切標出來。比如"東，德紅切"，好，我就用紅筆在"德紅"旁邊畫一條紅線，然後就在那一行的上面標上"端"字。你從哪裡知道是端母的呢？那麼你就要查了，查出反切上字裡面"德"這個字屬於端母。就是現在的 d，d、t、n、l 的 d([t])，屬於端母。你們知道反切這些字是幹嘛的呢？當然你知道是拼音的；那麼這個聲母是幹嗎的呢？中國人三十六字母這個東西，每個代表一個聲母。你想想看，我們沒有音標，好，現在我告訴你這個"東"要怎麼讀？聲母屬於端母，跟"東"字聲母一樣的是"德"，或者是"對"，或者是其他的字，你總得想一個字，它的聲母跟"東"一樣。所以它等於是沒有標音的一些字母，沒有固定寫法的一些字母，這些字母代表它的聲母。所以把"東，德紅切"標出來以後，再在那一行的上面寫上一個"端"字。

　　然後下面到了"同"字，是"徒紅切"。在"徒紅切"這裡，你找到"同"這個字是定母。這樣，你就一個一個地寫出來。所以我在大三的寒假裡，就把整本書整個地抄了一遍，不是抄了一遍，是注了一遍。所以我現在還有一本最舊的《廣韻》，上面就是我自己的字——注明聲母的類。然後翻了一遍以後，你就會發現，唉，奇怪，下字既然管聲調，這個"東"怎麼唸"德紅"，這個"同"怎麼就唸"徒紅"？你就會有一些問題出來。爲什麼"東"不唸 dóng，"德紅"不是應該唸 dóng 嗎？哦，你再一想，原來那個時候陰平、陽平兩類，只是同一類平聲。所以很多知識你會在學的過程、寫的過程當中得到，然後就會發現一些例外的東西。發現某一些反切應該怎麼樣解釋。也許你一時沒辦法解釋，慢慢地你就能解釋。那麼可以參考一下前人對《廣韻》作的注，像周祖謨先生（1938）的校勘記，早先比較出名。最近的當然是余迺永（1993）做的一個新的校對本，那個裡頭有些校對可能有些問題，但基本上很好，可以供大家作參考。

這就是說，基本功你可以自己建立起來。建立這個過程，"東，德紅切"是端母，你看了一下子可能記不得，當你寫了二十個"德"字都是端母以後，下次一看到"德"，哦，端母，根本想都不要想。那麼裡面可能有個把只出現一兩次的字你不知道，就慢慢記。然後，你會發現，你自己說的話，跟反切當中是有一點聯繫的。比如說你會發現"德紅"，哎，"德"，我也是[t]，我的土話聲母就是[t]；要是"徒"的話——[thu]，我也唸[thu]，但還有的方言唸[du]。你就會慢慢發現哪一個音跟哪一個反切對當。當你發現這個對當，有些是很整齊的對當，有些不是，有的它是分歧的。這個時候，你才可以曉得，你的方言跟《廣韻》的關係是怎樣的關係。經過了這個過程，那麼，你對《切韻》就比較熟了，或者說對《廣韻》就比較熟了。因爲《切韻》《廣韻》是一個系列的書，《廣韻》是現在大家用得比較多的版本，而且是比較完整的本子。所以，假如你要研究的話，你入門的辦法就是先從研究自己說的方言入手，同時，下點功夫，把《廣韻》做一遍，那麼這樣你就可以上路了。

我怎麼樣走上音韻學的道路啊？很好玩兒，我大三的時候啊，唸聲韻學——台大那個時候是大三教聲韻學（就是音韻學）——我因爲很小的時候，父親教我做詩，老早我就會調平仄。我覺得調平仄的辦法很妙，比如說"湯"，我就說"湯、躺、燙、托"，重復一遍，"湯、躺、燙、托"，這就是平、上、去、入。根據這個調法啊，只有陰平才能配，陽平沒辦法配。我們家鄉就發明了一個辦法，就是陰平跟陽平都配，比如說"通"跟"同"兩個字，"通、捅、痛、禿"，"同、捅、痛、禿"，後面三個音一樣，就"通、同"不一樣，所以我老早就會調這個平仄了。後來我發明了一個五個字的調法，就是"通、同、捅、痛、禿"，把這個陽平的"同"字加上去，前面兩個字就是平聲，後面是上去入就是了。就是這樣，所以我老早就對個別的字音有一些瞭解。因爲學著做舊詩的關係呢，就要注意音韻方面。所以我開始唸音韻學的時候，別人覺得很頭疼，我就覺得很好玩。那個時候啊，我們要考國語，就是普通話啦。我根本不會說國語，我原來是說如皋話的人，到了台灣，11歲以後，才跟同學說閩南話的。我原來說如皋話，後來才開始學國語，而且學的是南腔北調的國語，因爲大部分老師都不是講標準國語的，各人講各人的，講帶一點家鄉味道的普通話。他覺得這就是國語。他把自己的家鄉話稍微改變一點，就覺得這個是很好的國語，或者是普通標準的國語。所以我學的根本不是標準國語。到了考試的時候，糟糕了，我捲舌音整個沒有，就是[ts、tsh、s]跟[tṣ、tṣh、ṣ]整個不分，[n]跟[ŋ]也不分，所以"新"[ɕin]跟"興"[ɕiŋ]都不分。那怎麼辦呢？我就想，這非背不可，所以我就到《國音標準彙編》裡頭去選，看哪一邊的字少一點，哪一邊的字多一點。[ts、tsh、s]少，[tṣ、tṣh、ṣ]多，所以我就背[ts、tsh、s]。當然背了[ts、tsh、s]以後，凡是我沒背到的，一定都是捲舌音，我就用這種辦法來學習國語。這個過程很有意思，同時從此以後就讓我對捲舌音和不捲舌音有一個很強的感覺。這個感覺是對的，我本來沒有這個感覺的，比如說："資本"的"資"跟"之乎者也"的"之"對我來講都是同音的字，對吧，對如皋人都是一樣的[tsɿ]，"資[tsɿ]本""之[tsɿ]乎者也"，都是一樣的。可是當我背了以後，有了這個過程以後，你一說"之乎者也"，我馬上就知道這個"之"當然是捲舌的。所以我覺得學的這個過程很好玩。在這個過程當中啊，我的聲韻學考得好得不得了。因爲我背得很熟啊，所以我考了一百分。大學裡期中考試考一百分很不容易，可是聲韻學對就是對，錯就是錯，我全對了嘛，老師當然只好給我一百分。所以到了期末的時候啊，我大概得了九十幾分。總分呐，那年的上個學期，我就得了九十五分，全班第一。這下我興趣大來，因爲聲韻學對別人難得要命，對我來講很容易啊，所以我自然地興趣就來了。請注意我的話："自然地興趣就來了。"興趣，主要是好玩。趙元任先生退休的時候，有人問他——我不在場，別人轉告我的——他們說："趙先生，你研究了一輩子的語言學，弄了一輩子的語言，是什麼力量讓你這麼做？"趙先生用英文回答"for fun"。我覺得好玩啊，從頭就覺得好玩。所以,他從中學的時候聽別人講話,一聽,哎,你怎麼講話這個樣子呢?他又聽福州人講話,一聽,哎喲,這個福州人講話不得了,所有的成分都有變化:韻有變韻,聲有變聲,調有變調,聽不懂。他當然是天才,天生的耳朵特別靈,但是主要的是 for fun。對我來講,研究的這個過程,唸書唸到這個時候,我覺得很有興趣,很好玩。當然另外還有一個比較重要的原因,就是在我大四畢業的時候——我們那時有學士論文,要寫一篇學士論文——我寫的是有關《詩經》的題目。那個時候我想研究古典文獻,可是我的指導老師屈萬里先生跟我講,他說,"現在學語音學的人少,董同龢先生呀沒什麼學生。"他說啊,"你聲韻學唸得還不錯,你就跟他唸吧。"我覺得老師講得很好啊,我就跟董先生唸了。所以走上音韻學的道路,一方面是興趣,一方面是偶然,是老師的指點。

*　　　　　*　　　　　*

問:(1)對於初學音韻學的人來說,應該具備哪些基礎知識?借助哪些工具書?(2)音韻學和方言學之間的關係是什麼?如果只是把音韻學作為研究方言的工具,應該如何去學習?(3)很多音韻學的書都主要講《廣韻》,為什麼您主要講《切韻》?二者的區別是什麼?

答:第一個問題是說,"對於初學音韻學的人來說,應該具備哪些基礎知識?"最主要的我覺得是對語音學的一個認識,然後你學音韻學的時候,才能夠比較容易懂得其中的竅門在哪裡。"借助哪些工具書?"我想現在語言學方面介紹語音學的基礎知識的書恐怕多得很吧?隨便你去翻。

噢,對了,我告訴你一個辦法,這是以前的一位老先生告訴我的,這個方法我可以傳給你們,很有意思。這是李濟李先生——他是考古大家,就是發現殷墟在安陽的,安陽發掘是他主持的——他有一次在跟我們談話的時候講到,他說你假如不知道自己的興趣是什麼,你就到圖書館很多地方去看,花一個禮拜,這裡看看,那裡看看。(當然你不要看金庸的武俠小說!)看哪一個地方是你看得最入神的,自己的腦子最喜歡花在這個地方的,那個就是你的興趣。對我來講,我沒有那麼做,因為在我學習的過程當中,我自然地就對某一學科特別有興趣。我假如不做音韻學的話,我對古典文學有興趣,因為我做舊詩的關係,喜歡詩詞的意味、意境。後來我沒有走這條路,走的另外一條路。所以一個人可能有多種的才能,趙元任先生就有多種才能,他作曲那麼出名。你們會不會唱《教我如何不想他》?

那個"他(她)"是誰呀?我告訴你們一個故事。趙先生到台灣去講演,做一系列的講演。文學院院長是沈剛伯先生。沈先生要請他吃飯,不敢請趙麗蓮作陪,因為當時傳說"她"就是趙麗蓮,在年輕的時候是一個混血美人。說趙先生追她或者怎麼樣,說《教我如何不想她》裡的"她"就是趙麗蓮。其實根本不是,因為那是劉半農作的詞,趙先生譜的曲,完全沒有關係。

趙元任先生的知識範圍很廣:天文學、哲學、物理學、語言學。對我來講,因為我對某一學科特別有興趣;對他來講,他有好多興趣。要在多種興趣當中選擇一種,那麼到圖書館去看哪一類的書是你最看得進去的,哪一類書你看得最入神,最能夠抓住你的注意力,這也許是個好辦法。

至於你說的"應當具備的基礎知識",我就說是語音學。另外,你讀古書的能力,也是中文系的學生必備的。"借助哪些工具書?"我想要稍微看一看最基本的。

"音韻學和方言學的關係是什麼?"我覺得要用方言來解釋音韻,要用音韻來解釋方言,這兩個是一種互補的、相輔相成的關係。如果你不懂得方言,那麼,你對許多音韻的問題你沒有辦法解釋,因為知識不夠。譬如說,《中原音韻》分出來的最後的兩個韻部是什麼你知不知道?"監咸""廉纖"。"監咸""廉纖"是幹嗎的?你不知道。一定要有方言的基礎,你才會說:噢,這兩個韻部是收-m尾的。現在普通話都沒有-m尾了,只有在廣東話、客家話或者閩語中才有這個-m尾。沒有方言的知識,你怎麼了解它?同樣的,你對方言的問題也要有音韻學的基礎,才能了解。我上一次不是問過你們,我說國語當中陽聲字為什麼沒有"báng、dáng、gáng"這種字呢？那麼你一定要懂音韻學，你才知道那個是語音演變留下來的一個空缺，它演變過來就不會有。你可以從這個角度來看。方言跟音韻兩個是相輔相成的東西，我一直覺得這兩方面的知識都得要有，你才不會偏。

"如果只是把音韻學作爲研究方言的工具，應該如何去學習？"那你只要把中文系的音韻學課程旁聽一下就好了，旁聽了音韻學課，你懂了音韻學，你就基本上可以用了。我告訴你，有很多書籍是你要精讀、細讀的，有很多知識是你要用的。譬如說，我學了好些種語言——我們這兒也許有別人學了印歐語，學了很多種的印歐語——我學了好些種東方的語言，我現在不見得都能做研究，但是我對它們的系統有所了解。我學過泰語，學過藏語，學過滿洲語，學過蒙文。一個語言有的學一年，有的學兩年，有的學半年。現在你說：這些東西究竟在你的研究裡面處於什麼樣的地位？在我的研究裡面，它們使我把觀察面放寬了。我看問題的時候，就不會只是想漢語。但是這些東西我怎麼個用它？譬如說藏語，那我絕對不如龔煌城先生，我就拿 Jäschke 的字典來查，看一看某個詞究竟應該讀一個什麼樣的音。我會不會說藏語？我一點都不會。因爲古代藏語跟現代藏語完全不同，所以這些學問在於使你的知識面增廣，比較不那麼窄，看問題的時候眼光就比較寬。

當你曉得音韻學是談的什麼東西——有一些必須下功夫的你要下功夫。然後你有了基本功之後，很多方言問題一到手，你就自然地知道這個是音韻學的原因，是哪一個聲母變成這個樣子的。譬如說，我那天在黑板上寫的"袽"字，"褲子"的那個"褲"字，廣東話唸 fu 33，香港人唸中平調 33，其實就是"褲"字。爲什麼？如果你唸過音韻學，你就會知道：哦，原來是溪母字加上了 u，它就變了，變成 fu。不從這個角度來想，你從什麼地方來了解？你怎麼知道它怎麼變的？

你聽過人家說"ia 35 fa 21 tʂʅ"沒有？——大概好些地方有，山東也有，陝西也有，就是"牙刷"。他（他們）說"ia 35 fa 21 tʂʅ"，ʂua 變成 fa，怎麼會變成 fa 呢？原因很簡單，就是捲舌的 ʂ→f/u＿＿，在 u 的影響下，ʂ 變成了 f。換句話說，所有的 ʂ 在 u 之前都變成 f。原來大概是一個捲舌音。

"很多音韻學的書都主要講《廣韻》,爲什麼您主要講《切韻》?二者的區別是什麼?"宋代的《廣韻》是隋唐時代《切韻》系統裡的最完整的一本書,流傳最廣。因爲大家用得很多,所以現在都用《廣韻》了。《切韻》現在只有一個全本,這個全本是故宮的一個全本,我叫"全王"。這裡好像叫作"王三"。我不大喜歡"王三"這個名字,所以叫它"全王",不大普及。基本上《切韻》跟《廣韻》之間的區別相差大概只有十幾個韻吧。有的開合的韻,《切韻》不分的,《廣韻》把它分開了。兩者的區別非常有限。所以基本上我們現在用《廣韻》代表《切韻》,因爲它流行極廣。

* * *

問:您把"結構"放在"系聯、方言、譯音"的前面,能不能具體講一講您的理解中"結構"指的是什麼?對於希望了解和掌握"結構"的同學您有什麼建議?(參看《音韻學講義》第一講。)

答:如果簡單地回答,結構就是內部的組織。例如:東、戈兩韻有一、三等,麻、庚兩韻有二、三等,這個就是"結構"的解釋。因爲在其他韻裡韻母都只屬一個等,譬如說三等陽韻、一等唐韻。這幾個韻裡卻有屬於兩個等的韻字。對於這樣的結構,我覺得平常的人不夠重視。我認爲東三等、陽韻的介音是個-j-;麻韻二等是個單元音,可以加-j-。一等沒有人認爲有介音,二等有人認爲有一個介音。假如二等果然有介音的話,試問:怎麼沒有一個一等、二等在一起的韻?怎麼又會有一個二等、三等在一起的韻?這裡頭的關係,除掉元音的高低以外,這樣的結構顯示一個很清楚的意義:讓我們知道二等沒有介音。

我們現在回頭看看不同韻的結構。我們說唐跟陽也是一等、三等的區別,在同韻、不在同韻是由於當時陸法言的認定。可能是由於判斷押韻關係的時候,《切韻》的編定者覺得唐韻跟陽韻好像可以分得開,而東一、東三好像不能分開。但基本上,唐韻跟陽韻一直都是可以押韻的。這個就是結構的問題。

我再舉一個例子。東韻配屋韻,這就是個結構,東董送屋,陽聲韻跟入聲韻是相配的。我曾經特別講過：上古的"配"跟中古的"配"不同。有人把這兩個搞糊塗了，認爲中古的"配"和上古的"配"一樣。其實一點都不同，因爲中古的"配"不能一起押韻，而上古的舒聲跟入聲相配是可以一起押韻的。試問：爲什麼要把"東、董、送、屋"放在一起呢？這就是個結構。結構本身是不能改的，除非《切韻》系韻書各本有不同。譬如說王一、王二跟它不同，否則的話，它就是一個鐵的事實。所以我重視結構，認爲比其他的東西都重要。

"對於希望了解和掌握'結構'的同學您有什麼建議？"我的建議就是把《廣韻》仔細研究一遍。譬如說，我從前教音韻學的時候就要學生做這樣一個工作，你拿一個韻系聯一遍看一看。如果你從來不做系聯，你根本不知道結構上的特點。我直接告訴你這一韻的字系聯成一類或兩類，你根本不了解其中的問題，你不懂得系聯裡的困難。可是你拿支韻字系聯一遍，你就會發現好多問題，這個怎麼辦，那個怎麼辦。你發現這個字跟那個字可以聯成一類，可是它又有異文。問題就難以解決了。這個也是結構，它本身的結構。

簡單說來，我最主要的一個觀念是希望當我們看資料的時候，不要看著一棵樹，把森林忘掉了。因爲我們做研究的時候總是看樹，這個韻怎麼樣，這個韻怎麼樣，哪一個字怎麼樣。就忘記在整體的結構裡頭不同的韻佔據一個什麼地位。像這樣的東西，我覺得我們一向不夠重視，好像覺得無所謂的樣子。可是對我來講，這是個很大的問題啊。怎麼會有的韻裡頭有兩個等的字在裡面，而在另外一個韻裡，等是分開的。不同等的字可以在一起，它有什麼意義？一定是元音相同，對不對？不相同它不能在一起呀，介音不同而已。所以像這樣的結構我是比較重視，我那天特別講的原因就在於此。

二、研究漢語音韻學的目的

問：您認爲漢語音韻學要設法瞭解實際的語音，請問，研究漢語音韻學的目的是要得出歷史上某個階段的實際語音的音系，還是實際語音的音值？您覺得最終有可能得到歷史上某個音類的確切音值嗎？

答：這個是很好的問題，我不認爲可以得到確切的音值。爲什麼呢？因爲我們無法知道當時的人是怎麼說的，確確實實是怎麼說的。我們只能在音類上大致釐清它的分類。比如說，當時的濁音送氣不送氣，不知道，我們現在只知道它是一個濁音，這個濁音可能送氣，可能不送氣。也可能有種種別的情形，比如說有 bm 之類的。誰知道呢？所以要知道確切的音值是有困難的。大概得出的是一個比較接近真實的音系。注意音值的人產生一個問題，他說得太細了，他說某個音，變某個音，變某個音：這種事情啊，不容易讓人相信啊。Pulleyblank 就是其中的一個。他寫的東西是，這個音變成這個音，由於這個原因變成另一個音。有些推論可能是對的，但是，極難說定。我們怎麼知道當時實際的音值是什麼呢？譬如說，我說"三[θan 212]個""四[θ₁41]個"，你們聽過某些山東人說話沒有？他說的時候，"三"說的是個齒尖音："三[θan 212]個""四[θ₁41]個"，這個時候，我們聽到的就是國語的"三個、四個"，誰知道他實際發的是什麼音啊？他實際發的音只要在音類上跟其他的區別沒有問題，它就不產生問題。如果它產生一個碰撞的問題，就困難了。所以我們是分辨它、區別它的分類，音系上的分類。音值，真的很難講。

*　　　　　*　　　　　*

問：您提到要有英雄豪傑來研究音韻學，請問爲什麼？今天的少年才俊大多研習經濟、法律和理工科，這些學問關係蒼生，研究它們可謂經邦濟世。而音韻學只是一門書齋裡的學問，有英雄豪傑願意或樂意做嗎？值得嗎？

答：在我來講，真是值得。我告訴你，當別人告訴你普通話就是滿洲話的後代，現在的漢語根本不是從古代漢語來的，而是阿爾泰語的一個後裔，這個時候，你馬上就起了一個民族的感情。可是，光是感情沒有用啊，你得說給他聽啊。你說不是這個樣子的。我研究了17世紀以來從滿洲人開始統治時的漢語，一直到民國時候整個聲韻的變化，看不出來有滿洲人影響的痕跡。

我說英雄豪傑的意思，我們不能每個人都研究政治、經濟啊，每個人都去做政治家，做 Bush，做 Clinton，可不行啊。我們這個社會是一個完整的社會，我們需要每一個人做不同的東西，而你就自己的興趣，就自己的特長，找一條發展的路。你的耳朵比別人好，你可以研究音樂，研究語言學；你的分析能力強，你可以做種種的東西。我希望英雄豪傑來研究的意思，(是)我說北大這麼一個地方，難道沒有人來做這個研究嗎？因為我覺得音韻學的研究是我們祖宗的一個了不起的遺產。在紀元六百年的時候，我們就有一個音節字典，我們對於語音的分析是那麼樣地細。到了現在，我們慢慢慢慢地倒走到人家的後面了。這是怎麼意思？我們受語音學的影響好重。印歐語的研究——當然，因為它不是一個像中國這樣的文字，它是拼音文字——因此很容易注意到音與音之間的關係。所以他們發展快，一點都不奇怪。但是我們正是應該發揮我們的特點，對人類語言的瞭解增加一點高度。你們知不知道失語症？我想你們大致都知道吧，這個左腦右腦的問題，這個象形的文字，就是說——中國的文字——在一邊，其他的拼音文字在另外一邊。基本上早先的研究認為都在左腦，但現在的研究好像不大一樣。這樣的研究難道對於生命科學沒有影響嗎？很大的影響。對於一個失語症的孩子，一個失語症的人，你怎麼樣教他恢復他的語言？你可能發現在語音上哪一類的音他不會發，或者是他是整個的韻尾丟掉了，不會發。我想，這個只是我的一個希望，所以我希望有人研究音韻學。

你們知道趙元任先生原來研究什麼的嗎？他是研究哲學的，他的物理非常好，他畢業以後到康奈爾大學教物理，後來才轉到語言學。你們知道朱德熙先生他是研究什麼的嗎？好像是也物理。對不對，有好多人都是從別的學問轉過來的。我們現在的人，王士元先生，跟我同輩，研究普通語言學做出很好的成績。他是研究什麼的啊？他原來是工程方面的。所以，我覺得你們是不是要研究音韻學、是不是要走這條路，完全在於興趣，在於你的能力。

三、語音資料的系統性

問：您將音韻學資料符合三個條件的分爲現代方言、近代方言、古代方言和遠古方言，但是語音資料內部的系統性到底處於怎樣的時間和空間？比如傳教士記錄中的語音記錄，系統性的部分到底有多少？怎樣處置？涉及作者本人所處方言區文化背景、語用習慣等因素。（參看《音韻學講義》第一講）

答：我把現代方言、傳教士記錄，跟譯音這些資料，分爲現代方言、近代方言、古代方言或者是遠古的方言，只是籠統地按照時代的區別來看。如果你說"語音資料內部的系統性到底處於怎樣的時間和空間"，這個問題我沒有辦法說得很明白。比如說現在我們的普通話處於什麼樣的時間與空間？我的最簡單的答覆就是說：當你實際上在這個時空使用的時候，這就是你所處的時間。但是，我們所處的這個時間裡，是不是說它就沒有古代的東西，這個我一點都不敢說。我告訴你，我這個"丁"，"姓丁"的"丁"，從上古到現在好像沒怎麼改變。上古好像就是[tiŋ]，我覺得一直到現在都沒有改變，那麼你要說這個音是從上古到現在確實沒變，我也不敢講。端母是[t]，絕對沒有問題啊；四等清韻字，唸[tiŋ]，就難說了，也許對四等韻別人有不同的擬測辦法，我覺得這個音可能一直沒什麼改變。

你要問哪一個語言內部的系統性處於什麼時間、空間的問題，是不是它的時間性能夠那麼肯定，我不敢講。但是，傳教士記錄，他記錄的是19世紀50年代的廣州話，我們只能相信在19世紀50年代的廣州話就是如此。至於那個裡頭是否還有歷史層次的問題，那是語言學家要追究的答案。

如果我們現在找一個說普通話的人，他不認識字。你問他："你姓什麼呀？"，哎，他可能說："姓 qín。"你以爲他姓的是秦朝的"秦"，結果他實際姓的是"西早覃"。他的讀音可能是從他的父親母親學過來的，他可能不認識字，但是他說的姓是不錯的，那麼你不能說白話裡頭沒有古音。他有可能啊。我們一點都不知道現在的語言中有多少的化石還在裡頭,但是我們可以比較清楚地知道傳教士的記錄確確實實是哪一個時代的東西。

你問其中語音記錄的系統性部分到底有多少,這個話在我看,如果傳教士的記錄相對地完整,比如他不是只記了三句話,而是記了相當多的對話,而且說明當時的發音人和當時環境的情形,用他自己所熟悉的音標標注的話,那麼我覺得這個系統性是無庸置疑的。應該怎樣處置?我覺得你可以認定在那個時代的音系確實有那麼多的音,而那個音系跟現代聯繫是怎麼樣的。

*　　　　*　　　　*

問:請問,魏晉南北朝語音研究可用哪些資料?需要注意些什麼問題?

答:魏晉南北朝語音方面我做的是韻部,所以用的是嚴可均的《全上古三代秦漢三國六朝文》,以及丁福保的《全漢三國晉南北朝詩》。我做的是押韻的部分。聲母的部分呢,South Coblin 先生,柯蔚南,做了許多魏晉的研究。像郭璞的《爾雅注》《方言注》等等,研究魏晉時代的聲母。

還有些什麼資料可用?我想,即使是在用過的資料裡面,你還可以仔細地分類。比如說,民歌跟文人的押韻究竟有什麼不同?《世說新語》裡有很多口語音的東西,究竟能顯示什麼問題呢?相信還可以發掘。至於需要注意些什麼問題?這個很難回答。大抵需要觀察可能得到的全部資料,不能只看局部的東西。

四、漢語的封閉性

問:請問您上次課中是否有這樣的意思:認為漢語的語音系統是相對封閉的,獨立的,語言接觸並未對系統起到調整的、改形的作用,語言接觸只在詞彙層面發生?(參看《音韻學講義》第一講)

答:我並沒有這麼說,我沒有覺得漢語是封閉的,獨立的。我只是說,當你要說這個語言的系統受到其他語言系統的影響,產生若干重大的改變時,你要證明給我看,你不能隨便說。我們不知道漢語在從古至今的過程中,經過了多少改變,我們真的不清楚。

語言接觸只在詞彙層面發生嗎?不一定。但是,詞彙是最容易改變的,大概,構詞規律最難改變。語音大概百年,甚至於更少的時間就會改變。我們認爲語法是很難改變的,但是現在看,藏語的語法,連詞序都跟漢語不一樣,所以我們不大能夠這麼說。我覺得語言接觸使得改變在每一個方面都可能發生。但是要是你要說漢語是經過一個整個兒的調整,你就需要說明白它是怎麼樣的一個調整。

是不是相對封閉的,獨立的?我沒有這麼講,但我好像有那麼一點暗示的意思,其中有一個最大的原因是由於漢族的人口這麼多,所以你要說有某個影響,你要考慮到是不是整個的大片說這個語言的人群都受到這個影響。這個你需要花一點說服的工夫讓我相信。

五、文字與語言的關係

問:文字與語言是什麼關係?爲什麼文字是語言不完整的記錄?語言是約定俗成的,這個說法對不對?

答:我們說文字是語言不完整的記錄,是因爲文字沒有辦法表現我們說話的語調。你們知道四川人可能說"曉得"跟"不曉得"意思是一樣的。你問他曉得不曉得這件事情?他說"曉——得"(四川話發音),其實他不願意回答你,就是"誰曉得"的意思。表示"誰曉得""怎麼曉得""不曉得","曉——得"就是"不曉得"。那還得了嗎?正反說法的意思都是一樣的。這種含意從哪裡表現?從語調表現。文字裡面怎麼樣表現語調呢?

文字通常也不表示重音,我們說"西瓜"。昨天李德超告訴我,他說道地的北京話說"西·瓜"(·表示輕聲),不說"西瓜"。我一直就說"西瓜",不會說"西·瓜"。這個輕重音你怎麼知道呢?我們寫下來也是"西瓜"兩個字,文字怎麼記錄語言中的輕聲?所以是不完整的。

台灣教小孩子學國語每個字都是寫下來的,所以他唸的時候都是一個字、一個字用重音唸,很不容易懂得輕聲。所以你聽台灣的國語,輕聲字是很少的。

文字也不能表現停頓。一句話裡頭停頓我們怎麼表現?是不是?當你說一句話,這句話裡寫上五個字,比如說"我唸書去也",這個句子裡究竟是"我/唸書/去也",還是"我/唸/書/去/也"?你不知道。所以我們說,文字是語言的一個不完整的記錄。

平常總是說,語言是約定俗成的,這個說法對不對?我們為什麼管燈叫"燈",管狗叫"狗"?都是約定俗成的。對不對?大概都覺得對吧?可是我問,擬聲詞占一個什麼地位呢?擬聲詞,我說,有一個東西,有一種蟬——這個是趙元任先生舉的例子——有一種知了,在他們常州的土話中,叫"楊息哩",說蟬的叫聲是"楊息哩、楊息哩"。同一種蟬,到了北方某一個地方,他們說叫作"夫地夫涼兒",叫聲是"夫地,夫涼兒"。同一種蟬,兩個地方,都認為他們學的聲音像極了。但是在我們看起來,兩個聲音天差地遠。我問你,這樣的擬聲詞是約定俗成的嗎?

有人認為對當地的人來說是約定俗成的,但當真是約定俗成的嗎?他得有個本來的根據啊,假如那個蟬叫得像烏鴉"呱呱呱呱",他就不會說是"楊息哩"了。我以為,約定俗成對絕大部分的語言來說都是對的,對於大多數詞也是適用的,但擬聲詞就不一定是這樣了,可能擬聲詞多多少少是一個例外。因為無論這個"夫地夫涼兒"跟"楊息哩"差得多遠,可是對當地人來說,他覺得他說的話跟蟬的聲音有某種關係。所以這種擬聲詞恐怕要歸為約定俗成的例外。

我曾經想過一些不是擬聲詞的詞彙,可是也類似擬聲詞。譬如我們說,下小雨的時候,"淅瀝淅瀝",下大雨的時候是"嘩啦嘩啦"的,大概是形容詞吧。你大概不會說"哎呀,今天下了嘩啦嘩啦的小雨"。這不可能,因為"嘩啦嘩啦"這個本身多少有一點雨聲的延續。這種詞彙恐怕不是真正的約定俗成。

我有一個學生,他的文章可惜沒有發表,研究《詩經》當中的擬聲詞。他發現,很多形容車聲、雷聲的形容詞,都用的是陽聲韻陰平字,像"當、東、工"之類的。那我覺得很有意思。當然,有一個相關的問題,那個時候聲調就有了嗎?大概有。關於聲調的問題將來我會解釋。(參看《聲韻學講義》第七講)。

*　　　　　*　　　　　*

問:中國文字跟拼音文字有什麼兩樣?

答:拼音文字是拼音的,中國文字不是拼音的。可是假借呢?我在史語所工作的時候,一個工人貼了一個條子在公佈欄。叫別人不要隨便把東西亂丟什麼的,因為他天天整理,很生氣。裡面寫了七八個錯別字。可是那錯別字之妙啊!完全是諧音的。因為他只會寫少數的字,只好用現代的假借字。比如說我們現在寫"穀子"的"穀",你寫一個"山谷"的"谷",這個沒有問題呀,對不對?譬如說一石穀子,你說是"一百斤谷",你就知道"谷"代表那個"穀"字。他那個條子裡頭都是現代的假借字。假借字是什麼?假借字跟拼音文字有什麼不同?我曾經花過一點功夫,仔細地研究這個裡面的關係。我們現在來研究文字,不能不想想文字裡頭基本的成分在哪裡。外國人批評中國人真是不科學,還在寫方塊字。我告訴你,方塊字才好呢!方塊字為什麼好?因為形聲字多。譬如說我在這兒寫一個英文字,如果你不認得這個英文字,你能告訴我它是什麼意思嗎?你什麼都不能告訴我,它就是拼音字母 a、b、c、d、e 擱在一起嘛。你怎麼知道它是什麼意思啊?可是我寫一個中文字,你不必認得這個字,你就多多少少知道它一點意思,假如它是個形聲字的話。我舉一個例子。"樣"這個字你認不認得?我不相信你認得。這個是芒果樹的意思,唸 shěn。可是你不必懂,不會認,只要看,這個是什麼意思啊?你就會說這大概是一種樹,大致是一種植物。我告訴你,中國文字的偏旁代表一點意義,這個關係重大得不得了。在認知的部分,你看見一個"鳥"字旁,看見一個"金"字旁,看見一個"水"字旁,你根本就知道了一半,拼音文字就是沒有這個。他們說:你們這個音不標準,拼得都不對。拼音文字的音就拼得標準嗎?同樣一個 a 可以唸好個音,cat 跟 father,都是

a 呀！一個 a 可以有好多種唸法呢！中國的形聲字之中有一個成分是非常好的，就是形那個部分，讓你一看就知道它是幹什麼的。我覺得這是為什麼我們的老祖宗發明了這種文字以後，到了一定的時候就不怎麼變了的原因。形聲字越來越多。甲骨文的時候，形聲字才占了百分之二十八九，不到三十。到了宋代鄭樵《六書略》的時候，形聲字增多了好多，到了百分之九十。我們現在發現一個新的元素，如果認為它是一種金屬，我們就寫成一個"金"字旁加一個代表聲音的字，如果它是一種氣體的話，就加一個"气"字頭。你想想看，每個字都傳給你一個信息，這真是了不起的事。所以我覺得，我們不再往前走，不變成拼音文字，是由於我們的文字走的路向不同。一個是從假借往拼音方向走，一個是從象形、假借往形聲字走。我覺得這個方向是個很了不起的事情。

拼音文字跟中國文字有基本上的不同，我們說英文的形跟音大概如下面的圖所表示的；一般的中國文字則有相當大的差異。

例如 cat 這個字，我們承認形體是 c＋a＋t，隨便你唸什麼，反正肯定形體是 c＋a＋t。至於讀音文字可以告訴你一點，可能發音是[kæt]，也許是[kat]，正確的讀法還是要語言來補充。可是意義呢？文字本身完全沒有，要從語言賦予文字意義。

中國的文字呀，一般是形義結合，除假借字外我們沒有音，音是完全從語言過去的，意義也要語言補足。可是我們另外有形聲字：

形、音、義差不多都有。因爲形聲字的一半是音，一半是形，而形兼表義。可是它也有不足的地方。完整的意義跟正確的讀法都要從語言過來。漢字的偏旁多少表示一點意義，這個功能是我們中國文字很大的一個特點。拼音字母表音標準嗎？它也不標準，從中古到現代英文的讀音已經變了那麼多了。中文形聲字裡的音當然也改變，例如形聲字"江"，聲符原來是"工"字，現在唸 jiāng 了，不唸 gōng 了。這跟 cat、father 當中的 a 有什麼不同嗎？要是到二等韻沒有腭化的地方，你問他們"江"怎麼唸，他可能告訴你[kaŋ]或者是[kɔŋ]。我們現在最重要的形聲字爲什麼一直逐漸增多，就是因爲它能兼表音義。

這個地方我說明中國文字中形跟義的關係，這個當然指一部分文字來說的。譬如說"山"字的音用來指山嶺，完全是約定俗成，但文字"山"的形跟實際的山嶺有接近的地方。所以漢字的形體代表若干的意義，這話是能說得過去的。我們可以說很多漢字原來是形體表義的，可能是象形，可能是指事，也可能是會意。就是說用形體加一點東西示意，或者它本身就可以示意。形體表音呢？假借。形體表音又表義的，就是形聲。

轉注是一個問題。中文系文字學唸完了，轉注是什麼東西啊？有學生說是詞義擴大。有學生說轉注在古文字中就是我們現在的形聲字的造字方法。現在的"形聲"是後來的概念，早期的時候，"形聲"指的就是在聲符旁邊加一個形旁，這就是轉注字。好，這個是一個說法。照龍宇純先生的說法，一種是音符兼意的形聲字，另一種是假借另加意符的字。這個說法我不能同意。我不同意的原因是因爲許慎舉的轉注的例子是"考""老"，"老"是"从人毛化"，就像我這樣，頭髮開始變化了，有二毛了，顏色發生變化了，這個"老"字明明是會意字；"考"呢，"从老省丂聲"，從"老"字省，丂聲。你看，"老"是會意，"考"是形聲，可是這兩個字是轉注。很多文字學上的解釋常常把許慎舉的例子不要了，或者說他舉錯例子了，然後去解釋他自己的轉注。這個我不能同意。我的意思是你一定要從"考""老"來看，才能解釋轉注。因爲只有這麼兩個例子嘛，沒有很多的例子。"老""考"是什麼關係啊？同源字。"老"和"考"是同源字，這是別人的看法，並不是我的看法，但是我相信。我有一個新的解釋要加進去。我認爲"考"跟"老"正好是複輔音關係。所以我懷疑許慎當時的"考"的聲母是＊khl-,而"老"是gl-。但是這一點的可信性我不敢說。但是它們是同源字,是轉注。

那位同學又說:在金文裡面,只有"丂"這個形。以後把"老"作形旁加在上面。許慎對"考"的解釋是"從老省,丂聲"。"老"字在古文字中的形體不是"人毛化",這個是許慎根據篆文形體所做的解釋了。"老"字在古文字裡頭的形體是一個老頭兒頭髮長,上頭是頭髮"毛"沒錯,可是下頭不是"化"而是拄了一個拐杖。

這個新說法對我來講並不影響,老頭兒頭髮長,"老"字底下拄的是拐杖,這個字還是會意,你不能否認它是會意,或者是象形。但"考""老"兩字的關係卻是轉注:"考,老也。""老,考也。"你看《說文》裡的注解。我們現在需要解釋的是許慎的說法,他說"建類一首"是什麼意思?你可以從古文字裡面考察,"老"字是怎麼進化來的,"考"字又是怎麼進化來的。可是我們還是無法對許慎的說法做一個清清楚楚的交代。從古文字來看,許慎的《說文》裡頭有些字他可能弄錯了也不一定。可是我們現在所要解釋的轉注是許慎說的轉注。我認爲這個裡頭最重要的是"考""老"的關係。所以同源字這個觀念可能是對的,因爲在他看來一個是會意字,一個是形聲字,無論這個形聲字是不是從假借字加了一個形符來的。在他看來,"考、老"是轉注。

＊　　　　＊　　　　＊

問:漢字產生的先後,跟語言有什麼關係?語言當中有的東西,漢字產生的時候是不是根據它的次序?

答:我這裡說的基本上都是漢字,漢字本身產生的先後跟語言當中有這個東西的先後是不是一致的?不一定啊。我想了很久才搞清楚這其間的關係,從前我搞不清楚這個關係。例如"內"字收-b尾,跟-p尾的"納"字諧聲,"納"字也可以寫作"內"。這個"納"字是後起字,後來才有"納"這個字。可是後來才有的"納"並不代表早先的"內"字沒有"納"的聲音。各位懂不懂我的意思?就是早先的時候，"内"可能就有"内"和"納"兩個讀音，"納"也是用"内"來代表。"内"可能一字兩音。絞絲旁的"納"是後起的字，可是後起的字可以代表早先有的一個音。這個關係我搞了好久才想通。並不能因爲某一個字是後起的，就說它只能代表一個後起的音，不一定。我們認爲這一個例子代表諧聲時代和《詩經》時代最大的區別，因爲"納"字收-p尾，所以我們推測"内"字有一個-b尾。但是，"内"這一類的字是跟祭、脂等部-d尾的字押韻的，到了《詩經》時候-b尾已經不見了，所以說我們有個諧聲時代。

* * *

問：文字跟文字畫有什麼不同？有人畫了一個太陽在這裡，這是一幅文字畫；另外寫一個"日"字，這是一個文字。文字畫跟文字有什麼不同？

聶海平：這個可能就是讀法不同。比如說我們見到一個太陽，在各地方言裡面，它的詞彙是不一樣的。有人叫"太陽"，有人叫"老爺兒"。然而"日"字呢，雖然各地的讀音也不一樣，但是它有一個很系統的對應。

答：好，很好。文字畫它只是一幅畫，看到的人可能說法不同，他講的對。可能叫它"日頭"，可能叫它"老爺兒"，可能叫它"太陽"，但是這個"日"字即使各地有讀法的不同，但畢竟是個"日"的念法。這個回答是對的。如果換一個角度來說，一個外國人看到這幅畫，他就可能會猜這個東西是 sun，對於"日"字他就完全不認得，因爲前者是文字畫，如果落實到文字的時候，那就變成一個約定俗成的東西了。所以說，當一幅畫在那裡，你可以有不同的讀音去稱呼它的時候，這個時候還是文字畫；當它落實到某一個符號在某一個語言中代表某一個東西的時候，它就是一個文字了。

問：您剛才說的話我想問一下，您用的術語是不是沈兼士先生的？

答：對不起，我不是用他的術語，也許我看了他的文章但我忘了。我是從符號學的立場來看的。文字畫是文字前面的一個階段，我想這個大概是研究中國文字或其他文字的人都同意的。我講的這個假如跟別人雷同，是沈先生的也沒關係。也許我以前看過他的文章，可是我說這個話的時候並不記得了。

六、方言與語言的界限

問：你說的劃分方言、語言的方法值得推敲。（參看《音韻學講義》第一講。）中國境內的方言固然大多鄰近，即大致可以通話，但照此推，少數民族語言也可以劃分爲漢語方言，因爲跟少數民族語言臨近的某種漢語方言也大致可以通話。

答：這個，我不能同意。如果，跟少數民族語言臨近的也可以通話，可能是一種語言混合語，某一個地方的人由於兩種語言混合的關係，所以他慢慢地可以懂。但是跟我所瞭解的、所講的這個情形是不一樣的。譬如拿漢語跟英文來說，我們是不是可以拿上海的"洋涇浜英文"作爲一個中介？我們能夠聽懂"洋涇浜英文"，說"洋涇浜英文"的人聽得懂一點英文，英國人也能懂"洋涇浜英文"，然後我們就推論英文也是漢語方言？我想大概不行。如果我們不拿這種混雜的語言作一個中介的話，恐怕不行。而我所說的方言，就是標準的方言。當然你說，什麼是標準的方言？就是說我們認爲它主要的成分不是混雜的，那麼在這個情形底下，它有一個圈一個圈聽得懂的連環，跟少數民族當中有一個兩者混合的語言因而可以懂的話，並不是一樣的情形。同時，我所講的這個原則是反對拿懂不懂這個條件來作爲方言跟語言的區分。這裡面多多少少還有一點歷史上的關係存在，可以看得出來。比如說，這個音在這邊你可以聽得懂，你慢慢瞭解原來是見母字，這裡腭化了，而那裡不腭化。所以你說"再見[tɕian]"，他說"再見[kian]"。你慢慢發現，"見[tɕian]"跟"見[kian]"是有關係的。這樣的"懂"跟當中有一個中介語言的"懂"是不一樣的。比如說"打的"，這個"的"啊，是 taxi。

這個 taxi 廣東人把它說成"的士","的"又跑到普通話裡來。我們能不能說我們"的[ti]"就是 taxi,所以我們也懂英文。這個恐怕不行。由少數的詞彙在當中作媒介,恐怕也不行。

七、方言的存古性

問:上一節您講了研究方言的意義。可是各種方言都在不同的程度上存古。如何確定這種方言對應的時代?同時各種方言分化後,在各自的發展道路上都有自己演化發展的方向,以變化了的語音作爲音韻學研究的重要工具,可信度能夠有多大?

答:我覺得各種方言在不同的程度上存古,是不錯的。問題是,你能不能釐清?最簡單的存古是說在某些個別的音上存古,如何確定它的時代,很難。但是有些線索我們可以做。我們可以看這個音可能保存的一個不是現代的東西,原來它的唸法很特別,但是它特別的原因是什麼?在什麼時候有這樣的一個東西?這個可能要細微地來做。

各種方言分化以後它的變化有各自的路,但是以變化以後的語音作爲音韻學研究的重要工具,可信度能有多大?可信度大得很哪!因爲語音的變化,通常我們都認爲它有規則可循。即使有不同的看法,認爲它演變的情形不同,走的路不同,但是大體上語音變化是有規則的。我們說《中原音韻》到現在,我們看它的演變,非常清楚。大概在什麼時候有什麼樣的一個變化,我們可以用規則回頭追尋這個變化的情形。知道它總的路向是什麼。假如我們用這樣的眼光研究聲韻學,我相信它的可信度是有的。

八、對轉現象

問:音韻學中的-p、-t、-k,跟-m、-n、-ng 的對轉現象,是漢語的構詞造語的手段嗎?如果是,爲何現代漢語不再使用?中古漢語還有這些造語手段嗎?這些轉音現象在音韵學中可以用爲擬音資料嗎?

答：可能是。可是，當我這麼說的時候，我就需要舉一些例證給你看，而我現在一下子沒辦法舉例證，我想龔先生的研究裡有這樣的例證。譬如說，"于"跟"往"，都是"去"的意思，"于，往也。"這個"往"是收-ng尾的，那麼"于"收什麼尾呢？如果不認為它有一個-g的韻尾，怎麼會跟-ng來往呢？所以這個回答只是片面的，就是說我們沒有辦法去舉三組-p、-t、-k跟-m、-n、-ng相應的構詞的現象。

可是我們要注意一個現象：這個"寺"跟"等"跟"特"諧聲，收-k尾的是"特"，收-ng尾的是"等"，收-g尾的可能就是"寺"，這是"之、蒸"部字的關係——換句話說，我認為-k尾跟-ng尾有諧聲關係啊，可能也有對轉的關係。

是不是在語言上，我們能夠找出若干對來解釋它對轉的現象？有點難。但是，不能夠否定這種可能。通轉、旁轉也是嗎？通轉、旁轉，我一直不大敢用，因為這是章太炎先生的看法，認為兩個相鄰的韻部之間可以旁轉，陰陽相對的韻部可以對轉。還可以加起來，由對轉再旁轉，由旁轉再對轉。在語言上是不是有這種現象？可能偶爾有，但是恐怕不能夠作為一個最正常的現象來看它。所以我覺得通轉旁轉是不是構詞造語的手段，有一點困難。

"如果是，為何現代漢語不再使用？中古漢語還有這些造語手段嗎？"一個語言在什麼時候用某一種手段來構詞，在什麼時候不用它來構詞，很不容易回答。但是我請大家注意一個現象，就是從漢代以後，複音詞的產生是大量的。我們可以從劉熙的《釋名》裡頭看得出來，比如"丁，壯也"，把"丁、壯"兩個字連起來，就是"丁壯"。"鍾，聚也"，後來就有"鍾聚"，"鍾""聚"都有聚合起來、結合在一起的意思。那麼像這種現象，可以很清楚地證明從東漢開始複音詞大量地增加。當複音詞大量增加以後，相信構詞的手段跟以前就不同了。詞與詞結合的情形，跟以前用-p、-t、-k，-m、-n、-ng；或者是-g、-ng、-d、-t這些成分的轉換來構詞的方法可能就不一樣了。可能由於語言演變的情形不同，所以構詞的手段產生了不同。

中古四聲別義非常多，原來很少。我曾經做過閩語，當中我只找到七對。因為閩語從漢代就分出去了，看看閩語白話音當中有多少四聲別義，就了解漢代以前的情形。我只找到七對，比如像

"家"跟"嫁","種(子)"跟"(耕)種"這種詞。後來我們在中古的時候看到一大堆這樣的字,"春風風(fèng)人,春雨雨(yù)人",都是後來發展出來的,經師讀出來的。那麼,現在好像沒有了,現在還有嗎?說"整理"的"整",我可以改成"整(zhèng)理",大概不能改變一個字的聲調來表示"幹什麼"的意思,現在大概沒有了。可是我們不能因爲現在沒有了,就回頭說"可能從前也沒有"的話。這個話我們不敢講。

"這些轉音現象在音韻學中可以用爲擬音資料嗎?"我不敢用。假如說有顯著證明的部分,能夠像龔先生說的"于"跟"往",有一堆-g跟-ng來往的例子,那麼這就可以。可是我個人對這一點是比較保守的,不大敢用這個資料來研究上古音。

九、四聲別義

問:四聲別義是何時產生的?有什麼關係?是不是多產的?是不是社會普遍的現象?

答:我想應該找孫玉文先生來回答這個問題,他的大書專門研究四聲別義,而且做得極好。我的看法,像"種(子)"跟"(耕)種"、"家"跟"嫁"、"買"跟"賣",這種現象恐怕是老早就有。我以爲原來的關係可能有好幾種,比如說動詞跟名詞之間的這種轉變,換一個聲調,代表另外的詞性。由於大家用慣了以後,就使得其他的原來沒有這個詞性變異的也產生異讀出來。所以,我覺得它是一個多產的現象,是從先秦以後,才變成多產的。

我覺得它不是社會普遍的現象。凡是讀書音的部分,我猜想有可能是經師造的,例如"王"字讀"王(去聲)",去聲的唸法是做造出來的。但是"家"跟"嫁","買"跟"賣"這不會是經師造的東西。我研究的時候,在閩語的白話音裡頭找,真正找到的只有七對。像"種(子)"跟"(耕)種"的來源恐怕是相當早的,我不相信是經師造出來的。但是後來的許多字,有可能是經師做造出來的,他們用圈發的辦法,在字的右上角加一個圈,說這個字要唸去聲。

第二章 上古音

一、諧聲時代

問：上古的諧聲時代，指的是哪段時期？從此至《切韻》的大段時間裡發生的變化，如何研究？如何考慮方言區域差別的因素？

答：上古諧聲時代啊，我個人的看法，這個原來也是李方桂先生的看法，就是《詩經》時代以前的時期。就是把上古音分成兩個階段，諧聲時代和《詩經》時代。《詩經》的押韻有跟諧聲文字不合的部分可能顯示早晚的不同。在我們推究語音的歷史演變上，諧聲時代可能是漢語有文字的比較早期的時候。比如說周代，假如我們說周秦的早期跟周秦的晚期不同的話，那麼我們就把早期定爲諧聲時代。《詩經》裡押韻的字，跟諧聲字的現象不一定相同。諧聲字可能早，假如你唸過音韻學的話，你就知道，有一些早期-b尾的字，從諧聲上可以看得出來。到了後來，從《詩經》押韻的材料來看，卻不跟-p尾字押韻，有一些這樣早晚不同的情形。這個以後再說。（參看《音韻學講義》第六講。）但基本上，諧聲時代指的是周秦時期最早期的一個時代。我曾經做過一個未發表的報告，專門談諧聲時代的，怎麼樣釐清它，怎麼樣把諧聲時代跟其他的分開，找出諧聲的字跟詩經韻不合的地方。這個不合是由於早晚不同而諧聲可以獨立的時代，所以大概是周秦的早期。

從諧聲時代到《切韻》之間大段時間裡發生的演變如何研究？我們現在所做的正是這個問題。《詩經》的韻字大家已經研究得很多了，清朝人的成績非常好了，所以大家可以看得出來他們對於古文字、古韻所花的工夫。從上古韻部的分合也就可以看得出來，他們已經做到了一個相當嚴密的程度。那麼是不是可以在清朝人的成績上再有分合呢？這個事情是很難的，但也並非不可能。像脂微分部的問題，董同龢先生提出，王力先生後來也同意，這個是不容易的。因爲清人已經分得很細。而且我們讀古書的本事，大概不如古人，因爲古人他們就一個勁兒地鑽在古書裡面，而我們有好多其他的事要注意。他們一生都鑽在古書裡面，清朝的乾嘉學派，讀古書的本事，我們現在不容易跟得上。當時有分析《詩經》韻字的這個傳統，後來羅常培先生和周祖謨先生就接著做漢代的語料，他們就做《漢魏晉南北朝韻部的演變研究》，觀察漢代的詩文韻字。他們出的第一分冊，主要是漢代的，注意當時的方言，注意韻字的分類。簡單說來，漢代的音跟上古音，所謂周秦時候的音，是很接近的。當然也有一些不同。所以在我做博士論文的時候，李先生就給了我一個題目，他說，你做魏晉吧。因爲羅先生跟周先生做的兩漢的部分，發表了大概已經十幾年了。他說，因爲羅先生去世，所以後續的研究可能不容易出來。他說，我們另起爐灶，你就接著做吧。所以我才做了魏晉詩文韻字的研究。我做魏晉音的時候跟羅先生他們走的路基本一樣，就是根據于海晏《漢魏六朝韻譜》的基本分類，把他的材料拿來用，用魏晉南北朝的詩文韻字作爲根據。所以我自己在材料方面花的時間並不是很多，我就運用他的材料。但是，材料裡是不是有錯？有可能有錯，當然，我看見就改了；有的我沒看見，我就沿用他的分析。我做魏晉音的時候是因爲覺得從漢以後到魏晉應該有一個大的轉變，應該從詩文韻字裡看得出來。當時，周祖謨先生已經發表過一篇文章，就是《〈切韻〉的性質和它的音系基礎》，他引到了南北朝的韻部資料。南北朝的韻部看起來跟《切韻》很像。那麼你想想看，漢代跟上古音像，南北朝跟下面中古音像，怎麼會變的呢？當然最大的變化恐怕就是魏晉時代。所以我才努力地要把這條線連起來，從上古到兩漢，到魏晉，到南北朝，到《切韻》。在這麼一大段時間裡的變化，我們現在做的除掉用詩文韻字來分韻部以外，對於其他的，比如說，郭璞的注解，東漢人的聲訓，也特別注意，是要慢慢慢慢地填上這個空。我希望在這個過程中——我上一次說，希望每兩百年有一個音韻表之類的東西出來——現在也許到了這個時候,已經研究得差不多了。我的那本書裡面可能有一些問題。材料是用于海晏的,我並沒有一一地去核查。用前人的材料就會這樣。現在張渭毅先生帶著他的學生李德超在替我這本書做翻譯,做了許多材料方面的校訂工作,我非常感謝他們。當時我知道材料裡面可能會有錯誤,但我主要考察的是整個的趨勢。即使材料裡面有錯,在一百條裡面有十條錯誤,那我的觀察還是對的。所以我現在希望他們把我這本書翻譯出來以後,還能夠藉此改正那些錯誤。但是,我想我基本的一些想法並沒有改變。在我們這個課的後面會講上古到中古的演變,我會拿我那本書的魏晉部分來分析,解釋從上古到中古是怎樣演變的。(參看《音韻學講義》第六講。)

　　如何考慮方言的區別呢?這個很難,但我們是應該考慮。我先來問一個問題,我們說:《詩經》時代有沒有方言區別?當然有。國風,它就是不同地方來的歌謠。一個說法是說,因爲國風是從各地方收集來的歌謠,所以它有各地方的方言現象在裡頭。另外還有一個說法是說,搜集來的時候已經經過整理。既然經過整理的話,恐怕國風並不是民間歌謠的本來面目。我個人比較傾向於第二種說法。我想,那個時候收集詩的人,所謂採集歌謠的人,可能確實經過他們的一點修訂,但是經過修訂並不代表他能把所有方言的成分都去掉。我想你們讀過《詩經》吧?比如說,大概是《齊風》吧,有一個"乎而","乎而"是一個句末的語助詞,《詩經·齊風·著》:"俟我於著乎而。充耳以素乎而,尚之以瓊華乎而。"裡面有"乎而"這樣的助詞。像這種句末的虛詞,"乎而"兩個字的虛詞,除掉《齊風》這一首詩之外,其他地方沒有見到這樣的語助詞。那麼你要說《詩經》裡面沒有方言詞我不相信。當然有方言詞,只是方言的成分到了什麼程度?我們是不是可以把它的方言成分分開?很仔細地來看各地方言的不同呢,沒法子。因爲我們的國風雖然是一個一個各地的"風謠",但是你如果把它一個一個地分開,比如說,把《周南》分開,把《鄘風》分開。那麼每一個地方只有十幾首詩,沒有辦法來研究它的音韻詞彙。只好把它們放在一起看,相信《詩經》經過採集人的整理,分析以後,詩與詩之間語言的的一致性肯定還是有的。

那麼,怎樣去注意方言的差別?對兩漢的時候,羅常培先生他們做得很好,他們特別注意,比如說揚雄的《方言》有什麼方言特點,或者《易林》——《焦氏易林》裡面有什麼方言的特點,分開來看。我做魏晉音的時候是觀察了南北的不同,當時的南方是怎麼樣,北方是怎麼樣,有什麼不同;另外,陝西那一帶有一些方言特點也看得出來。所以我們對方言大概的差別也注意。可是要想仔細地做,是不容易的,不容易把每個方言都做得很詳細。

*   *   *

問:認爲王力先生晚年完全否定了諧聲,這是不公允的評價。《漢語語音史》是他一生語音史研究的總結,在一定程度上反映了中國古代語音史的研究工作和研究成果和導向。至於諧聲,他說,上古漢語有沒有複輔音,這是尚未解決的問題。從諧聲系統看,似乎有複輔音。但是現代漢語爲什麼沒有複輔音的痕跡?上古聲母問題的圓滿解決只能寄望於將來。王力先生反對的是雜亂無章的諧聲,不能因爲他給的理由少,就認爲他否定諧聲。

答:我不是根據這個說他否定諧聲,我那天不是唸給大家聽了嗎?他連董先生的 hm 的關係都不承認,他是說,由於諧聲得到不同的結論,所以我現在不認爲能根據諧聲。同時他說,假如說諧聲一定同聲母的話,這個一定荒謬。我覺得沒有人說這樣的話。如果他說,上古漢語有沒有複輔音是還沒解決的問題,這個很正確;假如他這樣說我就沒有意見。從諧聲系統看,似乎有複輔音,那麼,是不是就承認了呢?他只說"似乎"啊。

現代漢語爲什麼沒有複輔音的痕跡?我那天不是特別解釋了嗎?我們不能夠問,爲什麼現代沒有,就說從前也沒有。現代-p、-t、-k 在普通話也沒有,假如我們現在沒有有入聲的方言,統統變成沒有了,你怎麼辦?印歐語裡面 b^h-這個東西,這個送氣的 b-,如果我記得對,那是梵文搞出來的。如果沒有梵文,你英文、德文本身又能夠分出一個 b-和 b^h-來嗎?不能啊。你不能說這個東西我們現在沒有了,爲什麼沒有?我覺得這個問題本身蘊涵的意思呢,好像是說現在沒有的東西,我們從前就不能有。這個,我不同意,我不贊成。所以你要說他反對的是雜亂無章的諧聲,好,那麼,像李先生做的研究,它不是雜亂無章,而是有條有理的。其中董先生做的曉母字和明母字的諧聲,我覺得是鐵證,也是很有條理的。他連那個也否定了,那麼我覺得王先生似乎由於他覺得諧聲系統的不可靠,所以到他晚年,整個不理。這是他的態度。這個並不是錯,而是謹慎,他很謹慎的態度。這個謹慎的態度在我來講,我覺得當我們發現不是雜亂無章的諧聲字的時候,咱們要不要給它擬測一個複輔音?而且在許多地方恐怕沒有辦法不用複輔音來解釋,你怎麼講呢?

* * *

問:丁先生,問您一個問題,就是從"爾"得聲的字,在李先生的書裡好像沒有處理,董同龢是給它處理在脂部,王力先生的《漢語史稿》,我記得有個演變是從脂部變到歌部。您怎麼看它這個歸部?

答:我告訴你,"爾"這個字是挺麻煩的一個字。董先生大概分在脂部裡面,對不對?照李先生的意思,脂部是-id,可是"爾"字漢代變入支部。如果我記得不錯的話,董先生可能認爲是-ier,換句話說,在一個部裡頭擬出兩個韻尾來。如果用李先生的系統,已經沒有適當的韻母可擬,只好認爲是-ir。好像微部除了-əd 以外,還有-ər,也是一個部裡頭有類似的問題。從"爾"字得聲的字有一大串,它的情形非常特別。

而且"爾"的聲母也有問題。你知道,香港"彌敦道"的"彌",廣東話唸 nei。聲母是 n-。我們都唸 mi 35。可是你記不記得三國的時候有個人叫什麼"衡"啊?叫"mi35 衡"啊?有人讀"nĭ 衡",不曉得對不對。可是這個字很清楚的,廣東話是 nei。上古音前面究竟是個聲母,不清楚。South Coblin(柯蔚南)的文章不曉得發表了沒有,他擬了一個複輔音 mn-,如果 m-丟掉了就變成 nei,n-丟掉了就變成 mi。我個人沒有特別的想法，主要的原因是我對上古音注意它的走向，注意它有些什麼問題，可是我自己並沒有整個地去想它，譬如說"爾"字究竟要怎麼處理，我並沒有好辦法。如果按照李先生的系統可能擬測一個 ir 的辦法，就是說同一韻部用不同的韻尾。

二、同源字

問：有學者提出諧聲材料零散不成系統，應該通過同源字的研究來研究上古音，並且裡頭考慮詞頭、詞尾以及形態特徵。你以為怎麼樣？

答：要把音韻學和詞彙、語法學結合起來，這是一個很難的問題。諧聲材料是零散的，但是在許慎作《說文》的時候，他可是認定了有若干的形聲字。我們相信他認定的這些形聲字即使有古代研究者的分析傳留下來的，但是至少在他當時，他是確實覺得有些字是形聲字。既然如此，我們就得承認，諧聲字雖然材料零散，但在許慎的時候，經過他的整理以及搜集，可以代表一個相當一致性的系統。後來的文字學研究，有些人覺得他書裡有些錯，但還不足以把諧聲系統整個地推翻。所以我覺得，諧聲字是零散的，但是不能說它完全不成系統，它多多少少有個系統。

通過同源字來研究上古音，這個是新的路。高本漢做過，王力先生做過。但對於同源字的研究，我們怎麼樣認定同源字？這個本身是有困難的。我曾經拿王力先生的《同源字典》來整個地看了一下，覺得其中困難的地方在於認定什麼是跟什麼同源字。正如我講過的，不容易有一個系統。你說這個是同源字，我也可以說那個是同源字，但是我的看法跟你不一定完全相同，所以在同源字的認定上確實有若干困難。是不是可以用同源字研究上古音？我有一點持懷疑的態度。就是當我們在同源字的認定上還有不同看法的時候，怎麼樣才能夠把上古音的部分再說得確鑿一點呢？當然，做參考是沒有問題的。

研究上古音的認為有詞頭、詞尾。有詞頭、詞尾這個說法是另外一個事情,跟同源詞的研究沒關係。我們沒有做同源詞的研究,一樣可以認爲有詞頭、詞尾。我想聽過龔煌城先生講課的人就知道,在他擬測的系統裡,有詞頭,也有詞尾。問題是:我們對於詞頭、詞尾的解釋對不對?這樣解釋的結果對於我們瞭解上古音是不是格外地清楚?或者是不夠清楚?

你認爲怎樣把音韻學和詞彙、語法研究結合起來?我們對音韻學的研究跟詞彙學的研究和語法學的研究,暫時是分開做的。目前都是這麼做的,可是當我們討論到介詞的改變,還有某些個用法,比如說像丁聲樹先生出名的文章《釋否定詞"弗"、"不"》以及他說的"不之爲弗","弗"後起的原因是連音變化。如果我們沒有語音的知識的話,我們顯然就不容易研究。詞彙,單獨地研究它自成一個體系的是詞彙學。我們現在做語音的人,常常太偏重在字的方面,個別的字,比較不大注意詞彙。可是各位想一想,我們在《詩經》裡面看到一大堆雙音的東西,比如說"采采芣苢","芣苢"是什麼東西?"林有樸樕","樸樕"是什麼東西?看到一大堆的雙音詞,而這些東西我們都是個別地去瞭解它——就是就個別字義加以解釋。詞彙,我們在擬測方面幾乎是很難入手。所以,有人覺得我們對於擬測的研究太偏重在文字方面,而不重詞彙,應該以詞彙爲主。這個我想下一次我們就可以談了。(參看《音韻學講義》第二講。)我會回到這個問題上來。

看得出來,不同人用的方法也不一樣,我們該怎麼走?所以,怎麼樣把音韻跟詞彙結合起來?我想現在可能已經到了一個可以結合的時候。詞彙有許多是由於雙聲、由於疊韻、由於雙聲加疊韻、由於其他的關係而衍生的。有一些詞彙的構成就是這樣的。原來北大畢業的一位孫景濤先生,他的博士論文就是研究"古辭彙的構成及它的關係"。那麼如果沒有語音的瞭解,自然不能夠做深入的研究。我想我們現在對於這些研究慢慢到了可以結合的時候,就要注意其中的關係,我自己沒怎麼做,我自己做得很少。我相信這可能是一條未來的路。

三、複聲母

問：近來有些單輔音派學者，以爲上古擬定複輔音是一種簡單化的做法，沒有看到分屬兩種聲母的字的關係，而這兩種聲母卻無法用音理解釋演變的途徑，於是就把二者湊合在一起，表面看相差很大的音，其實是可以有演變途徑的，比如脣音 p 跟舌音 t，判然不同，以前人們不知二者可互變。而且您講過脣音的腭化，於是 p 可變 t。近來單輔音派學者舉出一些差別很大的音可互變的例子，以此來否定複輔音，你的看法怎麼樣？

答：首先我們要瞭解擬定上古複輔音的過程，主要根據中古的三十六字母。以聲母來講，三十六字母沒法改變，因爲中古音明明如此。普通說塞音跟 l 來往的，就比較容易擬測；如果現在幫母跟端母有諧聲的關係，那 p、t 的來往推上去，可能有某一種複輔音。這個現象是很奇怪的，諧聲字爲什麼有這種奇怪的諧聲呢？恐怕是複輔音吧！單輔音派學者說，p、t 也可以有演變的途徑，可以把這兩個音湊在一起。譬如我上一次就說過，在越南音裡頭重紐四等字 p 就變成 t，有演變的痕跡，也找得到演變的條件。這個時候我們要注意，就是它如何演變爲中古的三十六字母的？怎麼變？條件是什麼？你想想看，這個地方是 p，這個地方是 t，可以說 p 變 t，也可以說 t 變 p，可是現在還有一個聲母是跟 p、t 都有關係的，你要擬測什麼呢？無論說原來是 p，或者說 t，然後說它改變，怎麼解釋？怎麼變法？什麼條件？譬如在越南，p 在漢字音裡頭因爲有介音 i 所以變 t，如果說 p 跟 t 之間因此就可以自然的諧聲，這個我不相信，這個不大能夠讓人接受。你也許可以說，原來它都是 p 或者都是 t，或者某一種 p、某一種 t，後來它變了。這個解釋是很困難的，因爲這個當中幾乎沒有什麼活動的餘地了。我們有 p、ph，有 b，有 t、th，有 d，這個當中已經不大有別的可能的音可以利用。所以假如這兩個如有來往，是複輔音的可能性很大，或者有某種詞頭。但是你要說不同的音的也可以互變來否定複輔音，我覺得不見得怎麼否定得了。主要的問題是你怎麼樣解釋演變。哪一類變成 p？哪一類變成 t？哪一類變成 p、t 都可以來往？p、t 來往的例子很少很少的，是有啊，我現在都記不清了。像"釣魚"的"釣"跟"豹子"的"豹"，像"馳騁"的"騁"跟"聘書"的"聘"，這個可能是 p、t 的諧聲。你要說它從前是從 p 變 t 或者是從 t 變 p，我覺得都有一點危險。除非你有很充分的證明，說當中某一個字有兩讀，讀 p 又讀 t，或者是某個方言在什麼條件下 t 跟 p 來往，無論怎麼解釋都離不開演變。

　　　　　　＊　　　　　　　＊　　　　　　　＊

問：如果跟明母字諧聲的曉母字是複輔音，那麼類似的諧聲現象，是否都應該用複聲母來解釋，構擬爲二合、三合、甚至四合輔音，這樣是不是就有太多的不確定因素，或任意性。

答：跟明母字諧聲的曉母字，董先生認爲明母是 m，曉母是 m̥。李先生把清鼻音寫成 hm。梅祖麟以爲是 sm，詞頭的 sm，後來變成 hm。類似的諧聲現象，是否都應該用複聲母來解釋？我也不敢說，因此這個問題回答起來就很難，因爲清鼻音只是一個音位，hm 只是寫法的不同，擬成更早的 sm 才是二合的複輔音。現在有多少二合、三合、四合的複輔音？我沒統計過，基本上看你怎麼算。對我來講，我關心的就是說複聲母究竟有還是沒有。所以我上次就說過，在我個人的看法裡，好像是有。那麼承認它有的時候，有多少個，我們現在還沒有做完。

　　我以前曾經做過一個跟來母字諧聲的研究。分開來觀察，諧聲的主諧字是來母，被諧字是其他的聲母；以及主諧字是其他聲母，被諧字是來母。這種現象我曾經把它區分過一下。到現在我自己都很少引用這篇文章，因爲我覺得那是從文字學的角度來區分的。跟語言上的現象能否配合，是一個問題。因爲我原來的想法很簡單，來母字作其他字的聲符和其他字作來母字的聲符，現象好像是不一樣的。記得有好幾篇博士論文，談複聲母，值得參考，我也不知道有多少三合、四合的複輔音。我關心的是，是不是有複聲母的存在。我相信有，如果沒有的話，我們沒辦法講，有些問題沒辦法解決。

　　　　　＊　　　　＊　　　　＊

問：你認爲複輔音存在的下限是什麽時代？

答：這個我也沒做過研究，大概是東漢。South Coblin 通過考察東漢的音注資料，認爲東漢只存在 gl- 類的複輔音，這是下限了；有的學者通過考察《楚辭》的雙聲聯綿字，認爲戰國時也沒有複輔音了。用雙聲聯綿字討論複輔音的不存在，我沒有看到書，不知道根據是不是可以成立。也許它可以成立，我不知道。我自己雖然沒有特別用力，可是我注意到轉注"考、老"之後，我也講過，"考"字跟"老"字明明一個是形聲字，另一個是會意，這個類型的諧聲字，解釋說"考，老也""老，考也"，我是相信有複輔音的。那麽這個是東漢，所以在那個時候我相信它還有。

　　　　　＊　　　　＊　　　　＊

問：我相信先秦有不同的聲母，《左傳·僖公五年》"有寺人提"，而《四十五年》作"寺人勃提"，可以看成是上古複聲母存在的表現嗎？

答：有些異文是說這一個字等於這兩個字。是不是上古複聲母的表現？我不敢講。原因何在？第一，我沒有做過研究，要我現在馬上來決定它是不是一個複聲母，我不敢說。譬如說，它是哪一類的複聲母呢？b 加 t 嗎？還是別的什麽東西呢？所以沒辦法做一個很清楚的回答。但是，古書裡面出現的漢字，常常有不一樣的。這個不一樣，有時是用了一個不同的字，"甲"變成"乙"；有時可能是某個地方一個音變成另外地方的兩個音了。"甲"變成"乙丙"。這兩處的不同，就是異文。異文的成因可能有好多種，好比有一個名稱，它當時另外有一個簡單的說法，省略掉一個字；或者它在某一種情形底下省略掉一個字；或因避諱改了一個字等等。

我們都不知道。那麼你要勉強說這裡是複聲母,我不能反對你,你可以說;但是我自己不敢,我不會說這個就是複聲母,是什麼樣的複聲母,我絕不敢做這樣的結論。

四、喻四的上古音

問:龔煌城先生在論證上古漢語喻四(以母)是 l 的時候,舉了幾組同源字,如漢語的"揚"對應藏語的"lang 起來",漢語的"翼"對應藏語的"手",和緬甸語的"手臂";漢語的"夜"對應藏語的"月"。請問,你以為這些同源詞的確是可靠的嗎?會不會詞義上的輾轉解釋造成詞與詞之間無數種可能的牽連方式?

答:這個問題應該問龔先生啊。你應該在龔先生走前問他,你這個看法究竟是怎麼認定的。因為我如果說反面的話,會產生一點問題。如果我說他不對,回去我非跟他吵架不可。

我可以回答這個問題。這個認定啊,有他的個人的看法,有主觀性,不是客觀的。這樣的認定,你可以否定,你說我不同意,你同意我不同意。"夜"跟藏語"月"的關係,可能像你上面說的"詞與詞之間有無數種可能的牽連方式",可能是由於"詞義的輾轉解釋"而產生的。可是請注意,龔先生的研究不僅只有這樣一個例子,而是有一組的字。當你有一組的字顯示某一個音跟另一個音有關係的時候,你就不大能夠一起推翻。你可以推翻他個別的,但是你不容易全部推翻。那麼意義上的不同,是不是可以用來做對比?確實是可以的。譬如說,某一個地方的人,管腳叫"腳",管腿的地方也叫"腳",你說"腳疼"可以,你說"腿疼"當然也可以,可是整個這個部位就是叫"腳"。可是有些地方腿就不能叫"腳",腳只是最底下的一部分,小腿的那部分他可能叫一個別的名詞。他可能叫"骹",是不是?那麼,表示腿的腳和表示腳掌的腳是不是同源詞,當然是。意義上的輾轉改變就造成詞語中這種無限的牽連方式。如果果真是從意義的轉化產生的這種牽連,那麼,這個時候還是同源詞,並不是偶然的。所以,對於龔先生的研究,你要著眼在他的系統,當他舉了好幾個一組的字顯示符合某一個音跟另一個音的相關的話,那麼,你就不能夠隨便地否認它。

五、上古音中的 ɣ

問:李方桂先生的上古音體系中,介音 j 對聲母的作用是腭化,但是在群匣的解釋上出現例外,他用 g 變成 ɣ 解釋,即塞音變成濁擦音。在他的系統中沒有濁擦音。而你的構擬中增加了濁擦音,把不規則變得規則。問題:為什麼 j 在三等韻前不發生腭化,而在四等前腭化?單設一個濁擦音 ɣ 是否增加了更多空格?

答:我先回答後面的一個問題。設立一個濁擦音是不是增加了更多空格?也有可能,但是我不覺得增加了太多的問題。因為我們現在還不知道這個濁擦音 ɣ,就是匣母的 ɣ 是不是原有的。雖然有不同的看法,但是我有一點懷疑這個 ɣ 可能是原來有的。舌尖音部分有濁的通音 r 跟 l,所以是不是增加一個濁擦音,就破壞了系統,很難說。

為什麼 j 在三等韻前不發生腭化,而在四等前腭化?我說過這個話嗎?我覺得三等韻前發生腭化,他的群母是在 j 前面,後來發生腭化,我並沒有改變。我的最主要觀點是一二四等,這個不是在 j 前面。在一二四等的匣母,原來兩個來源:一個是 g,一個是 ɣ,並不牽涉腭化的問題,這一點也許我解釋得不夠清楚。(參看《音韻學講義》第一講。)

*　　　　　*　　　　　*

問:您認為上古濁塞音 g- 後接 -j- 的三等字,就是後來中古的群母字 g-,而不帶 -j- 介音的(即一、二、四等)則和 ɣ- 的一、二、四等合流,演變為中古的匣母。而一般在講聲韻演變的時候似乎總是後接 -j- 介音的更容易發生變化,這和您關於上古 g- 向中古匣、群母的演變似乎有所不同,您對此有何看法?

答:這個問題很深的,我一時也許不能給你一個很圓滿的回答,但是我可以說明我的想法。你說-j-容易使得語音產生變化是對的,因爲它產生的變化是腭化。但是在腭化以外,-j-是不是也使得其他的音容易產生別的變化,我還不敢講。我們現在講-j-主要講腭化。那麼它在這個地方,如果三等-j-跟一、二、四等的非-j-都能使語音產生變化,譬如說 g-加-j-,它變成群母 gj-了,你就不能說它容易發生變化。如果說一、二、四等的比較不容易產生變化,不曉得有什麼根據。一、二、四等跟三等,哪一個容易使得語音產生變化,因聲母不同恐怕不是一致的。

六、上古音中的介音

問:您認爲上古漢語複輔音第二成份的 *-r-對部分元音發生影響消失,請問這是對所有-r-介音的消失途徑的看法嗎?李方桂先生認爲-r-也可以在三等介音-j-之前出現,而您所構擬的重紐三等音也有-rj-,請問三等的-r-介音消失的途徑是否也是如此?

答:二等的-r-——這個都不是我的看法,是李先生的看法——使得元音央化,前面的往當中跑,後面的也往當中跑,稍微有央化的現象。產生了這個變化以後,-r-就丟掉了。怎麼知道呢?因爲原來一、二等韻從上古到魏晉可以押韻,等到後來二等韻產生以後,它不能押韻了,顯然這個地方有一些變動。相信是一個元音的變動,而-r-丟掉了。這是個推論。我覺得他對二等的-r-介音的消失的解釋是這麼說的。至於別的地方的 r,怎麼個辦法,他沒有說。我推論重紐三等是-rj-,可是請各位注意,我推論的-rj-——重紐的三等——是說《切韻》的時候,龔煌城先生推論的-rj-是上古。他是從漢藏語比較的方向,我是從《切韻》內部及域外譯音的方向,大家推論的結果都說是-rj-,可是這當中有八百年的差別。假如這個-rj-一直到後來還是-rj-,這個極有可能,-rj-到後來發生了的變化,顯然跟二等的-r-不一樣,因爲它後面有 j。這個 r 產生什麼樣的一個變化呢?可能在舌尖聲母這個部分,塞音 tr 這個部分,它變成了一個捲舌音,變成知母,tsr 的地方它就變成照二,換句話說使聲母產生一個捲舌作用。顯然對韻母產生影響,我沒有特別去看它,但是從印象上說,至少跟二等介音-r-不一樣。所以三等的-r-介音消失的途徑應該跟二等的不大一樣,尤其後面有 j 以後。

我自己做過一點高山族的調查,就是那天我說的卑南語。我的印象裡面,i 在 r 後頭就變 e,u 在 r 後頭就變 o,所以 r 是有使得元音往當中跑的現象。我想李先生說 r 使得元音央化,大概是有道理。從上古演變到中古,應該沒有問題。因爲原來只有四個元音嘛,原來 r 在 i、u、ə、a 前面的韻母總會發生變化,總是往當中跑。所以想來他這個 r 介音央化大概沒有問題。

*　　　　　*　　　　　*

問:現代方言中有利用介音-i 和-j 的對立區別音節的實例嗎?有沒有 kjan 與 kian 對立的實例?如果我不相信介音-i 和-j 在腭化的作用上有差異,您將如何說服我?

答:我可能不是很容易說服你,因爲這樣的問題在於你對審音的看法。比較出名的例子不在中文,而是英文中的"耳朵"的 ear 和"年節"的 year。我不知道你們在學英文的時候 ear 和 year 感覺學習有沒有困難。"發酵粉"的 yeast 和"東邊"的 east,你區別它們有沒有困難?你說我不相信 j 跟 i 還有什麼區別,它就是有區別啊!不能因爲現代的方言沒有,我們就不承認它。因爲在語音上面,是有語言可以很清楚地分得開的。所以雖然我們沒有這樣的區別,但不能不承認它。

這個問題是一個很好而且很大的問題,很麻煩。在李方桂先生上古音的系統裡頭,他有三個介音,不止-j-跟-i-,-ji-還連在一起作爲一個區別性的介音。這個介音解釋起來真是困難。我們當然可以說它一個長一點,一個短一點,或者唸的時候發音上有不同。可是,我們哪能肯定現在的擬音實際上怎麼發音。上次有人問,擬音是音值還是音類?實際上我們擬的是音類的區別,儘可能地注意音值。但是畢竟我們不知道當時確實是怎麼唸的。對於這個介音-ji-,我們現在也許有辦法可以把它去掉。改成 rj,這個是重組的來源。其他就剩下一個 j,一個 i。我曾經有一篇文章討論這個問題,注意它分佈的情形。但是對於 j 和 i 兩者之間的區別,我知道的只有英文的區別,而且前面沒有聲母。就是英文"耳朵(ear)"跟"年(year)"的區別。你不能否認 j 跟 i 是有不同的,如果認爲兩者相同,這兩個字 ear 和 year 的發音就無法分了。

*　　　　　*　　　　　*

問:李方桂先生上古擬音中沒有 u 介音,而有兩套舌根音聲母,王先生擬音中有 u 介音,舌根音聲母只有一套,你如何看待這兩種擬音方案?

答:我覺得李先生的說法是獨創的見解,而且我很相信。現在告訴你我相信的理由。李先生有兩套舌根音聲母,沒有合口介音;王先生有合口 u 介音,沒有兩套舌根音。我不知道王先生是怎麼做的研究,李先生是用董先生的《上古音韻表稿》做擬音的依據。你們回去看一下《上古音韻表稿》,你打開看,各韻部的韻母基本上都是一開一合,它們的對立在哪裡?在舌根音。唇音如果這邊有開,那邊就沒有合;那邊有開,這邊就沒有合;舌尖音有極少數的衝突。每一部都是如此,22 個韻部,把每一部聲韻母配合表列出來看,開合最主要的衝突都在舌根音。所以,李先生的想法就是假如合口存在,怎麼會只存在於舌根音後頭呢?唇音沒有,舌尖音也沒有。所以他就擬測兩套舌根音聲母,這樣一來他就把合口音整個去掉了。對上古音的擬音而言這是一個很大的改變。因爲合口音沒有了,只要是合口都歸之於舌根音。使人不得不相信舌根音分成兩套,一套圓唇舌根音,一套普通舌根音;普通舌根音變開口,圓唇舌根音變合口。那麼,舌尖音怎麼辦呢?舌尖音有一些開合的衝突,可是集中在幾個部分,這個本身就是一個奇怪的事情,出現的環境很有限制。

爲什麼就歌祭元這幾部才有對比呢?所以他對這個部分加以解釋,他說,歌祭元部收舌尖音尾,當聲母也是舌尖音的時候,後面的 u 是後起的,是在兩個舌尖音當中增加出來的一個 u。

例如"吞"字是開口字,廣東人說"雲吞"[wən thən]。就是沒有合口。但是國語說"吞東西"的"吞"[thuən],就有合口。而這個 u 從哪裡來的呢?是在 th 跟 n 當中產生出來的。所以我相當地相信在兩個舌尖音當中會多出一個 u 來。那麼,還有一部分不能解釋的怎麼辦呢?他說在那個時候,肯定有一個 ua 韻母。這個擬測前幾天我還在跟張渭毅先生討論,那個 ua 的部分,是不是可以認為是另外的元音?你說是另外一個也可以。但是基本上在這兩套舌根音聲母的情形底下,你只要把那個表打開一看,所有的對立都在舌根音,舌尖音有一小部分,差不多每一個韻部都如此。那你幾乎是不能懷疑擬測的正確性。所以我覺得我很相信它。

七、韻母的擬測

問:能否具體說明一下,幽部字擬成[əgw]優於[og]的理由?

答:幽部字,我準備了一點資料,是我上一次沒講的。我要說的是從外面的資料看問題,從借字的角度來研究。這是李方桂先生研究過的東西,當時他做的只是討論整體借字的情形,在這裡我專門來談韻尾的問題。

這個問題是說,幽部字擬成[əgw]優於[og],為什麼比較好?我曾經講過,我希望能夠把合口成分 w 或 u 挪到前面去,因為張琨先生就是把幽部擬成 əug 的。因為那樣子有個好處,就是不必要有圓唇舌根韻尾的問題,而是把 u 拿到前頭來。可是你看地支在台語裡面的借音,我把它重新分析了一下,我把陽聲的字去掉,只談陰入聲韻。

地支	上古音	中古音	阿函語	傣仂語	仲家語
子	-əg	-ï	-u	-i	-eu[-ə]
丑	-əgw	-u	-o	-u	-ou[-u]
卯	-agw	-u	-o	-u	-ou[-u]
巳	-əg	-ï	-u	-i	-eu[-ə]
午	-g	uo	(-a)	(-a)	(-a)
未	-əd	-i	-t	-t	-t

酉	-əgw	-u	-o	-u	-ou[-u]
戌	-ət	-t	mit	set	seut[sət]
亥	-əg	-i	-u	-i	-eu[-ə]

我們可以看上面的四個字，上古音的收-g尾的，台語這邊是-u、i、-ə；-gw尾的，是-o,-u,-u。-d尾的，三個語言都收-t。"酉、亥"兩個字，收-gw的，又是-o,-u、u；-g尾的又是-u,-i、-ə。當我看到這裡的時候，我想，早期的借字裡頭竟然能顯示原來是什麼韻尾呢！-g跟-gw就是完全不同。那麼，有沒有可能是-g尾丟掉了，元音o變u，或者變ou，當然是有可能的，不是不可能的。可是，解釋起來有一點困難，就是當ə後面的-g變成了i的時候，o後面的-g卻丟掉了，就完全不見了。所以我寧可相信是-g、-gw的演變不同。你可以看，漢語的-g會變i，所以在三個台語裡頭是一個方向。然後-gw是變成u，是另一個方向。那麼，-gw變u這個演變好不好解釋呢？非常方便，基本上就是後來幽、宵兩部的-u韻尾。所以我才認為在漢代-əgw就變成-ogw，然後變成-ou，基本上是這麼下來的。我覺得承認-gw好像好一點。其實我的初心是想去掉-gw，可是去不掉，當發現這麼多材料之後，你怎麼辦呢？

對了，我還沒講完，這裡還有兩個字非常有趣，一個是"未"，在三個語言中都收t尾。這個我就覺得奇怪極了，為什麼會收-t尾呢？假如它原來是-d尾的話，這個t尾就很合理，-d借過去才收-t尾。

然後還有一個字就是"申酉戌亥"的"戌"，這是個入聲字。"戌"在阿函語的讀音是[mit]。我那天不是講"喪"[smang]跟"亡"[mjang]的關係嗎？心母字我就把它歸到複聲母sm-這個方向去。這個"戌"字為什麼會唸m-？我想它是從sm-變來的，sm-的s-丟失了。梅祖麟不同意我對"喪、亡"的擬音，他跟我辯論這個東西，我也不同意他的看法。他認為sm-變hm-，再變雙唇輕鼻音。我看到"戌"台語唸m-的例子，相信sm-是心母的來源。

我並沒有寫sm-方面的文章，我舉"時日曷喪，予及汝偕亡"是在我一篇文章裡面，大大地讚美王念孫，梅先生很不以為然，他說你這個例子不對。我覺得王念孫是清朝古韻學家裡面說這個"一聲之轉"說得最好的。他功力深厚,所以他說的"一聲之轉"跟別人說的完全不同。郝懿行的"一聲之轉"根本不能看,所有相同的聲母都可以通,一聲之轉,轉來轉去,完全沒有頭緒。但是王念孫很可靠,他非常穩當。所以我討論清代特別貢獻的時候呢,就覺得王念孫"以音求義",是一個劃時代的貢獻。這是他提出來的話,"以音求義"。你想想看,能夠脫離漢字,光用語音來考慮它的意思,我覺得這個發現實在了不起。當時我就舉了這個例子,梅先生跟我講,你這個例子舉得不對,他說我不同意。我說你不同意我給你看,這個"滅"字從"戌"得聲,"戌"就是 sm- 開頭的。這個 sm- 不變 hm-。所以我跟他之間有些不同的看法。

另外一個問題,我相信先秦有複輔音聲母。所以上面的討論是補全我上一次還沒有講的地方。

我覺得"未"字台語收 -t 尾,除非你閉起眼睛來當沒看見,那怎麼可以呢?所以,我才說漢語有一個 -d 尾的可能性太大太大。

* * *

問:圓唇韻尾韻 -gw 在實際語言中有例證嗎?李方桂先生當初是怎麼擬這個奇怪的韻尾的?如果不用這個韻尾,難道找不出其他的辦法為上古音找出合理的解釋嗎?

答:可以啊,這個問題我剛才其實已經解釋過了,有好幾個人就擬成 əug(幽部)、aug(宵部)或者這一類的音。我告訴你,因為在紙上作業,你只要不把它混雜起來,自然就可以做不同的擬測。這個是可以的。問題是,當你這麼擬測以後怎麼解釋許多押韻的現象?種種周邊的現象你怎麼解釋?我曾經說過,上古韻部的次序是有關係的。之幽宵侯,就是因為合韻的關係,當之部是 əg,幽部是 əgw 的時候,我覺得彼此有例外押韻非常容易。所以合韻特別多啊。假如你現在說之部是 əg,幽部是 əug,或者說之部是 ɯ,幽部是 u,你要說之幽之間很接近,在我來講我覺得困難。至少,不如前面這個擬測好。那怎麼解釋例外合韻呢?絕對有其他不同的擬測的辦法。

你說-gw是個奇怪的韻尾，一點不錯。我當時也覺得不好，我一直就想把這個-gw去掉。我曾用台語借字顯示給你們看，我去不掉。當證據擺在面前，我就沒話說了。當然你可以有別的辦法，王力先生的擬音，可以根本不要後面的g。之部擬測爲ə，幽部是u，推上去就可以了。但是，我覺得這個方法不如李先生的方法好。

*　　　　　*　　　　　*

問：陰聲韻尾是否有塞音尾，分歧很大：如果沒有尾，很難解釋陰入通押；可是如果有尾，是否就能圓滿解釋押韻現象呢？《詩經》中之幽合韻，如果按照李方桂的擬音，是-əg和-əgw，它們主要元音相同可以押韻，而魚部是ag，宵部是agw，主要元音也相同，《詩經》中，絕無魚宵押韻。《楚辭》僅有一例。這樣的擬測正常嗎？

答：如果《詩經》中之幽合韻，按照李先生的解釋是可以的。可是我們不要忘記了，第三個是宵，然後是侯，這個次序是之幽宵侯。宵是什麼呢？宵是-agw，之幽宵侯，然後是魚吧。那麼，之跟幽是相鄰的部，它的主要元音相同，韻尾不同。我覺得解釋起來比較好講。至於說魚部跟宵部，並不是相鄰的部啊。你問爲什麼-əg和-əgw押韻，-ag和-agw不押韻。這個，問得很有道理。我們不知道每一個韻部裡頭詳細的情形。宵部，如果我記得對的話，它沒有入聲啊，魚部有入聲，宵部爲什麼沒有入聲呢？所以你要拿這個比對的情形來問這個問題呢，是可以問，但是不容易找到一個好的答案，我現在也沒辦法回答。爲什麼魚宵押韻很少，而之幽押韻很多。是不是在a元音後頭的-g，跟ə元音後頭的-g，在當時人的感覺不同，əg接近əgw；而ag跟agw距離得比較遠。至於《詩經》時代絕無魚宵通押，這個我不記得。這樣的擬測是不是正常？很難講。你可以整個地推翻說輔音尾本來就不該有，可是無論怎麼擬測都不一定能解釋魚宵的問題。這個是個人的想法，你儘可以這麼做。我個人因爲相信有濁塞音尾，從種種證明看，使我走上了這個路。至於爲什麼某些東西沒有？現在我不一定都能解釋得清楚。我們只能夠就事實來講,事實有的,我們怎麼樣給它一個解釋;事實上沒有的,我們是不是也給它一個解釋?我就覺得有點困難。現在連事實上有的,都不見得能解釋得清楚。

侯部是 ug,之幽宵侯,如果宵部跟侯部有來往的話,這個是什麼關係呢?那麼其中一個推測是說,在方言裡頭,這個 u 變成 ua,所以才跟後面的魚部 ag 有關係。這個是從方言的角度來看的。正式來講,ug 跟 ag 爲什麼能夠相鄰呢?它們爲什麼會有那麼多押韻的現象呢?ug 跟 ag 離得更遠,要解釋它們之間的合韻關係,我們還要費一番事。說-agw 跟-ag 沒有合韻關係,要找一個解釋,這個要求稍微難了一點。

*　　　　　*　　　　　*

問:陰聲韻尾假設-b、-d、-g 尾變成 i、u 的說法,在印歐語傾向於解釋爲細音、洪音,分細洪音兩類。那麼,細音的-b、-d、-g 後來變成-d、-g,後來變成喉塞音,變成長音,變成 e:;洪音的,像 ob、od、og 變成 od、og,變成 o 的,加塞音變成 oʔ,然後它就變成長音。當然這是個理想化的模型。請問文獻中找得到第四階段,就是變成長音的這個證據嗎?

答:這個有點難。因爲文獻當中,我現在基本上不承認有長短音。我不承認長短音的一個主要的根據,就是《詩經》中沒有,一點點的線索都沒有。各位要知道,有長短音是音位上的區別,而這個區別是非常重要的。那麼押韻上,不能不顯示,或者至少有類似的顯示,長音,大致的長音,短音,大致的短音。現在鄭張尚芳擬測的音節是一長一短,我不相信,我對這個長短元音的構擬,根本不相信。最主要理由就是,《詩經》押韻一點點消息都沒有。假如是個音位性的區別,難道當時的詩人都那麼糊塗嗎?當然我也不敢講定,但基本上,我不相信。至於是不是 e 加喉塞音以後變長音,在漢語我覺得就更困難,因爲這個是入聲的音節,入聲的音節如果變長音的話,反而喉塞音要先丟掉。

　　　　　＊　　　　　＊　　　　　＊

　　問：用中古的雙聲疊韻字檢驗上古擬音的優劣，方法上有沒有問題？

　　答：用中古的雙聲疊韻關係，檢驗上古擬音的優劣，誰拿中古的雙聲疊韻來檢驗上古的擬音優劣？有人這麼做嗎？這是兩個不同的資料：雙聲的問題大概比較少，因爲中古的雙聲我們推上去大概上古也還是同樣的聲母。除非上古是複聲母，中古雙聲推到上古複聲母的話，你拿來檢驗當然有問題。如果它是單聲母的東西，是雙聲的推上去沒有問題。疊韻是有問題的。因爲疊韻是說，同樣的主要元音也是同樣的韻尾，介音也相同嗎？如果介音不同，它還是可以疊韻啊，-aŋ 跟 -iaŋ 可以疊韻啊。可是你用這個推上去的話，這是不行的。清朝人做過這個研究，把先韻分成兩個來源，把齊韻也分成兩個來源。就是根據古時候這個字的諧聲、押韻的情形把中古的一個韻分開，所以一個韻可以有幾個來源，先韻有兩個來源，齊韻大概也有兩個來源。所以你要拿中古的疊韻來看上古的問題，這個顯然不行，在方法上是有問題的。

八、韻部與聲調

　　問：段玉裁既提出合韻說，又認爲押韻不但要同韻，還要同聲調，你從語音系統的角度怎樣看？又同聲調押韻一節，你持何看法？

　　答：段玉裁提出合韻說，上古的韻部爲什麼是之幽宵侯這麼排下來？爲什麼先之部後幽部呢？幽部爲什麼跟在之部後頭呢？就是因爲它們的合韻比較多。之部跟幽部，這是兩個部，大家都認爲可以分啊，但是之部跟幽部之間的合韻比較多，所以它們這兩個韻部連在一起。所以合韻說這個東西啊，是一個押韻的自然的現象。我已經提過了，押韻各人有寬有嚴，而且，我們不要忘記了，《詩經》的性質是民歌，是可以唱的東西。

你們這裡有沒有人聽過一個台灣的歌手叫張帝，他會唱很多民歌，他站在臺上，你點一個主題，他就馬上編一首歌出來唱。調子是固定的，然後他就把一句話放在這個調子裡唱出來。我注意到他押韻的時候啊，i 可以跟 y、可以跟 ɿ 押韻，就是高元音和舌尖元音可以押韻。

如果再推上去看的話，你們知道十三轍嗎？這是早先押韻的根據。民初的民歌押韻的時候有好多的例外現象，i 可以跟 y 押韻，i、y 也可以跟 u 押韻。所以這個十三轍的情形啊，有些韻是很小的韻，在語音上說起來區別蠻大的，可是在唱歌的時候它就擱在一起。所以押韻不是一個嚴格的語音分析的資料。當你做深入研究的時候，你就會發現合韻。所以段玉裁的合韻說基本上沒有問題啊。古本音分在之部跟幽部，但可以合韻。

後來我做魏晉音的時候也是這樣的，我看了資料準備分兩部，但合韻也相當多。大致可以按照韻組多少來分，但多少不是一個截然的根據。譬如說，之部獨用、幽部獨用各有一百組，可是之幽有八十組合用，你怎麼辦？那麼有七十九組合用呢？七十八組合用呢？這個完全是個對比的東西。當我看到它有五組合用，另外有一百組獨用，分為兩部沒有問題；可是當合韻太多的時候，就產生困擾。為什麼會這樣？可能是由於兩個韻部，只有韻尾的不同，或者只有介音的不同，沒有元音的不同，才會產生這個現象。段玉裁的合韻說基本上指分部不同，但可以押韻。

但是他說同聲調才可以押韻，也是一個歸納的結果。《詩經》的韻組裡頭很多是平聲一韻到底，上聲一韻到底。你知道為什麼我們說上古有四聲嗎？這是一個清朝人的研究，他研究的結果，中古的平上去入在上古押韻的時候平聲老是韻平，上聲老是韻上，去聲、入聲也一樣。假如那個時候沒有聲調，平怎麼老是韻平呢？這個理由大概是夏燮的說法。理由是清清楚楚的，平聲自韻，上聲自韻，去聲自韻，你沒話講啊。所以，大家認為上古也有四個調。因為基本上同調的字是押韻的。但是是不是有不同調也押韻的呢？有一大堆，有很多。所以要說，押韻要同部而且還要同聲調，這個話說得太過了一點。很多字同韻，為什麼不同調的可以押韻？元曲不就是不同調押韻嗎？元曲不同的聲調是同屬一個部的，所以周德清首先分的部是東鍾部,然後才分平上去,對不對?陰平、陽平、上聲、去聲,他爲什麼同一個部?因爲它可以押韻嘛。你想元曲的時候我們都可以把平上去一起押韻,上古的時候怎麼不可以呢?當然可以。

我做過一個分析,那個時候我主要是要討論聲調來自韻尾的問題。我特別檢看一下,上古不同聲調的押韻有一大堆,平上去押韻,平上押韻,上去押韻,甚至有幾個平上去入押韻。那麼你說怎麼會有這麼奇怪的現象?這個並不是很奇怪,因爲民歌對當時唱歌的人來講,他覺得可以馬馬虎虎,因爲他那個方言找不到一個完全同調的字,他怎麼辦啊?它本來是平聲韻,有一個字他就用一個去聲字代替。可能他唱的時候把那個去聲字唱成一個平聲也說不定。字調跟曲調的配合是很難的,因爲曲調有一個高低,字調也有一個高低,這兩個最好不衝突,可是衝突的時候怎麼辦?常常會把某一個聲調的字唸得像另外一個聲調,這個是可能的事情。所以我覺得段玉裁說要押韻,同聲也要同調的話呢可能說重了一點。可是我不記得他說過這樣的話。說大致同聲調那是對的。

從語音系統的角度怎麼看待?同聲調押韻,我剛才已經說過了,同聲調押韻這個是很自然的一個趨勢。可是偶爾韻組裡面有個不同聲調的字出現,我覺得是例外但很合理的一個現象。

* * *

問:上古聲調如何確定?完全用押韻嗎?如果根據古音押韻來定聲調,同一字就有多聲調,是不是?

答:我不是說過上古聲調確定的這個原因,是由於平聲韻平,上聲韻上,去聲韻去,入聲韻入嗎?大部分都是這個樣子。所以我們認定上古是有四個聲調。可是這個上古的意思是什麼?指《詩經》的時代。諧聲的時代不敢講,諧聲以上,更不敢講。到倒數第二次講聲調演變的時候我會專門講這個問題。(參看《音韻學講義》第七講。)

完全用押韻嗎?對。可是我們同時也根據中古的《切韻》。你知道《唐韻四聲正》是幹嗎的？我們現在看看中古這些平上去入的字在上古是不是押韻，哎，平聲韻平，上聲韻上，它也是啊。可是又發現其中有些去聲字，經常跟平聲押韻。江有誥才瞭解了，是不是這些字在從前根本只有平聲一讀，沒有去聲一讀？你可以看看《唐韻四聲正》。

你說完全用押韻嗎？是，但是押韻的時候可能有一類字到後代產生了改變，改變以前當然可以只跟它原來的調押韻啊。譬如說我們今天有又讀字的問題。一個字在一個聲調押韻兩次，一個聲調押韻一次，你要怎麼辦？我的辦法是說，用歷史的眼光看看上面，再看看下面。假如某一個字從來沒有某一個調的讀法，那就容易決定。比如說"矣"，虛詞的"矣"，假定這個"矣"在上聲押韻有兩次，跟平聲字押韻有一次。在歷史上沒有發現"矣"字有平聲一讀，我的辦法是把它歸之於上聲，另外這個算是平上互押，就是異調相押。不認為一讀在上聲，一讀在平聲，說"矣"字有兩個讀音。為什麼呢？因為這個"矣"字我一直往後代看，沒有發現它可能有平聲一讀，所以我寧可把這個跟平聲押韻的當作一個例外押韻。

所以，江有誥承認異調相押，我也承認。因為實際上有異調相押的現象。就像我剛才講的例子，押上聲的是兩次，押平聲的是一次，不大好決定。假如押上聲的是十二次，押平聲的是一次，那麼你更要承認這個是例外押韻了嘛！對不對？假如有兩個音，有一個在經籍上我們從來都看不到，《經典釋文》沒有，《集韻》也沒有，都沒有平聲的讀法，你只好承認它是上聲。通常一字兩讀的畢竟比較少，跟一讀字比起來總是比較少，沒有問題。

根據古音押韻來定聲調，同一字就有可能多聲調。你要從《唐韻四聲正》來看，恐怕江有誥認為同一字就有多個聲調。我記得看他的書的時候啊，他說這個地方這一個字可能是一個上聲的字，但它又同時跟去聲押韻，就是一字異讀。我們應該如何確定某一字的上古聲調？現在的辦法是說，兩個來源：一個是從《切韻》向上推，一個是按照上古押韻的趨勢走。假如根本沒有出現為韻字怎麼辦呢？我們現在的假定是說，中古的平聲上古也是平聲，中古的上聲也是上聲，中古的去聲、入聲也都是一樣。基本上，類沒有變。譬如說，我們按照《詩經》韻來分韻部，《詩經》裡出現的韻字是有限的啊。有些字不押韻，沒有出現爲韻字怎麼辦呢？可以跟諧聲配合起來。可是諧聲不同的字怎麼辦的呢？不用作諧聲字怎麼辦？不是形聲字的又怎麼辦？所以我們到現在爲止，對上古音的研究有一大部分是從《切韻》推上去的。只有在這兩者不一致的時候才把它分開，說明這個地方可能有問題。我們大概是這個樣子做的。

*　　　　　　*　　　　　　*

問：從《詩經》到南北朝，都是去聲字跟入聲字往來密切，似乎應該把陰入相押看成去聲字的特殊表現，而不把平、上統統拉進去。如果主張古無去聲，像王力先生、段玉裁那樣，似乎也可以解釋。您上節課提出的異調字押韻的演變現象，也可以解釋。另外 -b、-d、-g 與 -p、-t、-k 在一起押韻自然嗎？

答：去聲字跟入聲字到底有什麼特別的表現？是的，去聲跟入聲之間押韻的來往特別多，所以早先董同龢先生的看法，認爲"四聲三調"。就是說，去聲跟入聲的調值是同樣的，只是一短一長。這種現象在現代方言裡面多的是，就是說入聲的調值跟舒聲的某一個調值是一樣的，我的方言就是如此。我的方言六個調，陰平、陽平、上聲、去聲、陰入、陽入。我的陽平、陽入兩個聲調一樣，譬如你聽啊 toŋ 35、toʔ 35，完全一樣高低，一長一短。去聲、陰入跟這個是類似，toŋ 44、toʔ 44，調值也是一樣的，一長一短。我並不是拿我的方言來證明上古音，只是說方言裡這種現象，入聲跟舒聲相配，兩個調一樣，然後一長一短，這個現象很多地方都是如此。而且，有的方言就是因爲調值相同，所以入聲消失的時候，它就跑到調值相同的聲調裡去了。這個現象讓我覺得董先生的說法有道理，從前去聲、入聲押韻的特別多，是不是調值其實是很接近的。

那麼，可不可以不把平、上牽進去？《詩經》裡平聲跟入聲的押韻有 5 例，上聲跟入聲的押韻有 11 例，平上入的是 1 例，平去入的是 4 例，上去入的有 5 例，平上去入的也有 5 例。我覺得不大能夠把平上完全剔除。假如說，平入相押或者上入相押的很少很少，那麼也許還可以。同時我們不要忘記，《詩經》裡平去入、上去入的也不少。我就覺得好像不大能夠把平上剔除開。假如能剔除,是一個辦法,但是恐怕不見得能剔除。那麼如果照王力先生的意思,把這個去聲,一分為二,一部分在這裡,一部分在那裡。或者段玉裁的意思,平上為一類,去入為一類。我老早就批評過,雖然可以找到若干去聲和平上或入聲相關的證據,可以把去聲歸過去。然後有些去聲呢,沒辦法歸併。在王先生的書裡頭,把這一組的去聲,單獨成一類,沒有能夠歸到平聲或者上聲去。為什麼呢?因為沒有證據。怎麼證明這個去聲字跟入聲或跟平上來往呢?凡是跟入聲押韻的,可以證明,所以這個是長入。可是,實際上有一組去聲字找不到任何跟平上有關係的。那他怎麼辦呢?我曾經檢查過,這一組他沒有辦法,沒有證據啊,它是平去有關係,還是去入有關係,看不出來只好單列。而且這一組去聲雖然沒有跟入聲來往,我們不知道它究竟跟不跟入聲來往,資料上沒有顯示,只好把它放在那裡。這是第一個反對的理由。

第二個反對的理由,一部分去聲字他說從長入變過來的,可是真奇怪,另外一部分字又從長平或短平同時變到後來的去聲。長入還可以說,因為它只是個長的入聲而已;可是在平的這個部分啊,從平上變去聲,它怎麼樣從分出某一部分的字變到去聲的呢?我覺得不好解釋啊,而且找不到從長平、短平裡分出來的任何條件。我覺得這個辦法啊,恐怕不大站得住腳。

第三個理由,我已經指出來,清朝的一個人叫作夏燮。他老早就研究,說從中古推上去,你看上古平就歸平,上就歸上,去就歸去,入就歸入,聲調基本上它還是四分的。而且這個局面一直到魏晉都沒有改變。你要說在這個當中有一個時段,長入,或者長平、短平改變成去聲,這是在什麼時候呢?一點看不出來這個關係,所以我基本上對"古無去聲"的說法是存疑的。

我採取"四聲三調"的說法,去聲單獨一類。假如,這部分去聲是 d 尾,入聲是 t 尾,由於這兩個聲調調值一樣,所以押韻的特別多。我覺得講得過去,不會覺得有什麼大的困難。而且,請注意,不談入聲,我上一次列出來,《詩經》裡平上去通押的韻組,平上有 70,平去有 56,上去有 34,平上去有 16,這個數目字已經大到不能夠忽略它了。假如我們不把平上放進去,只談去聲,無論去聲是長入一類，或者是長平、短平，試問，平去怎麼會有來往呢？上去爲什麼又會有來往呢？這個我也沒辦法解釋。平去押韻的有 56 例，上去押韻的有 34 例，如果採取兩分法的話，我沒有辦法解釋爲什麼有這個現象。現在的辦法大概是說這一部分字就是從長平、短平來的，跟入聲沒關係。可是有 16 例既跟長平也跟短平押韻，還有些字啊它一方面跟入聲相配，一方面也跟平上聲相配。這個怎麼辦呢？所以困難是在於沒有辦法把它的關係釐清。所以"古無去聲"的說法，我不大相信。當然這個是個人的想法，本來學術就是各說各話的，我個人不相信並不代表我對。

至於異調字押韻的演變現象，他說，用王了一先生的理論也可以解釋。不然，當平聲跟入聲是零接觸，沒有押韻，上聲跟入聲也是零，只有去聲跟入聲有很多來往的時候，照王先生說法，這就是長入跟短入來往。但是，你怎麼解釋這個只出現在收-d 的地方，是祭韻、泰韻的地方？86 個例子絕大多數是集中在跟 t 尾的入聲來往。爲什麼這部分長入沒改變呢？長入可是一個調啊，只有這部分長入跟入聲來往，那麼別的長入哪裡去了？

照我的辦法很好解釋。因爲收尾的-g 先丟，-b 老早先丟。-b 丟得早是很顯然的例子。我上一次跟你們講過，"內"跟"納"諧聲，"內"是收-i 尾的，"納"是收-p 尾的。那麼這個-i 尾我們推測它是-b 尾，在《詩經》時代就已經不見了。-g 尾是其次丟的，然後，只有-d 尾是最晚丟掉的，一直到南北朝的時候，還有若干痕跡。所以假如你說只用聲調說明，我承認是比較難解釋的。我覺得用韻尾解釋起來好一點。

另外他說，-b、-d、-g 與-p、-t、-k 在一起押韻自然嗎？-b、-d、-g 與-p、-t、-k，我分別來講。-b 跟-p，-d 跟-t 押韻，你要說它自然，我不覺得是那麼自然，因爲它不是相同的韻母。所以並不是全部的去聲跟入聲押韻，大概接近百分之三十吧。現實語言中這樣的押韻並不常見，現在漢語沒有-b、-d、-g 尾，所以我們不大能夠討論。那向其他語言看。其他語言裡面這個情形啊，多種多樣，有一種我在文章裡稍微提過，就是，閩南語最後的-p 啊，當後面連接元音時，有時會變成-b。譬如說，"入去"dzip＋k'i＞dzibi 這個-p 加一個 i，就變成了濁音-b，這個是很自然的現象。因爲在後面的元音跟上去，把前面的-p 濁化了。-t 它也可以變 l，例如"出去"，[tshut khi＞

tshuli]、[khi]的 kh 丟掉了,然後這個 t 跟元音 i 相連就變成[li]。在閩南語中,l-跟 d-是同一個音位。說話的人本身根本就沒有發現他的 t 變成 l,-p 變成-b,這個變化是非常自然的。又如英文 describe 跟 description, inscribe 跟 inscription, transcribe 跟 transcription 之中,b 跟 p 的轉換,也很類似。所以從押韻來講,我雖然不覺得它是那麼自然,但是是可能有的。

＊　　　　＊　　　　＊

問:徐通鏘先生認爲,上古異調相押的情況可能提示漢語的聲調其實正處在由形成到最終確定的過程中,是一種離散式音變,平上去入四調可能在齊梁之前最終定型。你如何看待這個說法?

答:我剛才已經解釋了,從《詩經》到漢代,到南北朝,看起來平上去入是各自四個調類,四個部分。雖然其中有些例外押韻,但是我不覺得那個時候還沒有成形。所以我覺得聲調這個問題,如果在齊梁前才算是最終定形,這個是一個推測。我不能夠隨便地表示同意。聲調究竟是什麼時候形成?聲調是從什麼東西來的?這個下次再談。異調相押是離散式音變的一種情形,所以這個時候有些例外。如果你相信聲調在那個時候還沒有成型,這個解釋是可能的。可是在我的想法,中古的四聲老早就推到《詩經》時代了,四聲各自押韻的數量相當的多。所以能不能說四聲在齊梁前才定型,我有點懷疑。

＊　　　　＊　　　　＊

問:在談異調字相押的演變的時候,你提到去聲跟收 t 尾的入聲在平上不與入通押時,還有較多往來。對的。李先生認爲,陰去的平聲韻尾爲 b、d、g,上聲爲 bx、dx、gx,去聲是 bh、dh、gh,似乎表明,認爲 h 比 x 更能保存濁音韻尾,爲什麼?b、d、g 更容易脫落,入聲的 p、t、k 在不同的方言中有不同的演變的順序,根據《皇極經世圖》,t、k 尾和收 i、u 尾的同列,而 p 尾單列,中古以後入聲的輔音尾脫落順序是否可以爲上古到中古陰去輔音韻尾脫落順序提供一定參考？它們各自受著什麼音理控制？

答：李先生的 d，以及它的上聲 dx、去聲 dh，這個請你看李先生的書，說得非常清楚。他說，我現在用 x 代表上聲，h 代表去聲。沒有一點點意思認爲，這個是複輔音韻尾，或者認爲上聲從 x 來的、去聲從 h 來的，一句話都沒有提出來。而且我問過他，他只是說，爲印刷的方便，他用 x、h 來代表。因爲印上聲、去聲很難哪，旁邊打個圈圈，看不清楚。所以這個 x 和 h 本身，絕不代表任何語音上的意義，只是類別的不同。所以是否表明讀 h 的比讀 x 的更能保存輔音韻尾，這個一點都沒有。所以它只是調類的不同。

爲什麼-b、-g 比-d 更容易脫落？我說到魏晉南北朝的時候收陰聲-d 尾的字還跟-t 有來往，另外兩個已經脫落了。爲什麼容易脫落？很不容易說它爲什麼。可是脫落的過程我們顯然看得出來，這個-b 啊，先脫落的，-g 是第二個，-d 我剛才已經說了。像"內、納"那種諧聲，顯示"內"字是-b 尾。諧聲字上還看得出來-b 跟-p 的關係，"納"是-p，"內"是-b。到《詩經》押韻的時候，"內"已經跟-d 尾陰聲字同部。所以我相信，早先就有個-b 變成-d 的，這個方向。那麼你說它爲什麼？這個很難說，也許是合口的成分使他異化。爲什麼-g 尾的容易消失？很難說。我只能說，在材料上顯示早先-g 尾跟-k 尾還有來往，後來沒有了。收-d 尾的跟-t 尾的來往，後來還有，我的解釋就是如此。

在音理上來講，假如要找一個解釋，可以找一個解釋，就是說-g 是一個舌根音之類的話，可是這個沒有意義。因爲你可能找到一個方言，它-t 丟掉了，-k 沒有丟掉，對不對？收-k 尾的多得很哪，-t 尾先丟掉啦。那麼爲什麼有的方言-p 先丟，有的方言-t 先丟，有的地方-k 先丟？可能會有不一致，尤其是江西話，很不一致。可能受元音的影響，但怎麼一個元音？不知道。所以，什麼音理控制著中古入聲輔音尾的脫落順序，研究得還不夠。

至於中古-p、-t、-k 的脫落啊，是不是跟上古的-b、-d、-g 的脫落同樣，這是兩回事。兩個時代的兩回事。我可以說-p、-t、-k 的脫落，變 i、u，所以我相信-b、-d、-g 脫落也可能變 i、u。因爲 i、u 的字那麼多,推上去可能是-b 跟-g,或者是-d。我覺得,言之基本上成理。但是,是不是可以把中古-p、-t、-k 脫落的順序跟上古-b、-d、-g 脫落的順序配合起來看?這個就很難說了。《中原音韻》的入聲,已經派到三聲去了,可是-m 尾還存在。所以我覺得這個有點困難。

*　　　　*　　　　*

問:最近幾年,唐作藩先生提出上古聲調"五聲說",即平、上、去、長入、短入。所謂去聲,就是《詩經》中去聲與去聲押韻的一種,長入變中古去聲,是陰聲韻去聲的來源。短入中古變入聲。您怎麼看?這樣看,似乎能夠比較好地解釋《詩經》中跟中古入聲字押韻的中古去聲字的來源,同時又不妨礙上古獨有去聲的類。如果這樣看,可認爲中古的去聲在上古有兩類,調值原是兩類。中古演變的條件在韻尾,跟調值無關。

答:爲了解釋《詩經》去、入相關,又要解釋去聲只跟去聲押韻,不跟平、上,也不跟入有關的,那怎麼辦呢?這個辦法是可以解決那個問題的。可是,我覺得這個地方啊,好像還有一個別的問題,就是去聲不是有跟平、上押韻的一類嗎?那個跟平、上押韻的一類又是什麼樣子的呢?所以這個問題我沒有辦法做一個確切的回答。爲什麼呢?因爲現在手頭上沒有一個資料能清清楚楚地說明,去聲只跟去聲來往的這個類,究竟是不是不跟平、上相關,又不跟入聲相關。所以我現在不敢批評唐先生的這個辦法,但是看起來唐先生的辦法可以對《詩經》韻做一個良好的解釋。但是不是就對,是不是最後我會同意這個辦法,我還得想一想。因爲我不知道去聲跟平、上押韻的這個怎麼辦。

同時,我不知道所謂長入短入這個說法啊,究竟是一個什麼樣的東西。是說元音比較長,像泰語長的元音加一個入聲尾,譬如說[laak]跟[lak],一個長一個短,是這個樣子的東西呢?還是不是,長短元音能不能押韻?這個我還要再想一想。目前看起來,對《詩經》韻可以有一部分的幫助,但是對另外一類怎麼個解釋,我沒有仔細研究這個說法,所以我不敢詳細地說。

第三章　中古音

一、《切韻》的性質

問：《切韻》的標準音是否隋朝的標準語？當時有標準語嗎？如果有，其方言基礎是什麽？

答：下一次我要講"《切韻》的性質"，等於回答這個問題。（參看《音韻學講義》第二講。）

　　　　＊　　　　　　＊　　　　　　＊

問：您的《切韻》分金陵和鄴下兩個體系的說法提出已經快十年了，可是至今見不到實際的結果，見不到一個從《切韻》分出的金陵音系和一個鄴下音系。如果您要繼續做，打算怎麼做？根據什麼標準，通過什麼手續來區分《切韻》的兩個音系？區分後的結果是否完全是兩個音系呢？

答：很好，下個禮拜我就給你看一下目前做的情形，完全沒有定稿，我現在還在想，還在做。（參見《音韻學講義》第三講。）那麼我提出的看法十年來爲什麼沒有做呢？因爲我忙別的事情去了。我告訴你，一個人除非他專門做研究，而且不做其他的工作，他才能專注在一個問題上。——等於是寫博士論文，我再寫第二篇博士論文。除非如此，否則的話不容易。因爲你有很多別的想法。

　　我告訴你，我以前教音韻學的時候，我想的全部是方言問題；

當我教漢語方言學的時候,我想的都是音韻問題。你知道為什麼嗎?因為你教音韻的時候碰到的問題怎麼個解釋,都是要從方言上找的;當你解釋方言的時候,這個是明母變來的,這個是幫母變來的,這個是哪個母變來的,這都要從音韻學上來解釋。所以我一直是做這兩方面的研究,我個人的興趣就在這兩方面。最近我又在做一些漢藏語。

最近的十年當中,我腦筋裡想了很多問題,而且我在這當中出了好幾本書;譬如說,我最新的一本書是《一百年前的蘇州話》。我對吳閩關係有興趣,所以吳閩關係還繼續在做,方言的研究對我來講有很多好玩的事。而且,有時也去管閒事,我在《中國語言學報》發表了一篇書評,對薩加爾(L. Sagart)的 The Roots of Old Chinese 有所批評,後來在北大《語言學論叢》26 輯發表的是中文翻譯。所以,像這樣的事情,也佔據我的時間。所以十年當中我沒有做中古音,但是並不表示我沒有想。所以,下禮拜的講演就是我目前的報告,以後還要繼續做。

既要繼續做,準備怎麼做?我上次已經說了,我要把方言分成兩類:一類,是鄴下音系的後裔;一類,是金陵音系的後裔。你怎麼知道?以顏之推對南北方言的批評為根據。例如魚虞的區別就是條件之一:分魚虞的是金陵的,不分魚虞的是河北的。現在資料越積越多,客贛語裡頭魚虞也說是有區別的,那就需要解釋。所以,我想拿一兩條重要的條件來做根據,把方言大分兩類。分不開的怎麼辦?分不開暫時留著。我告訴你,做研究的時候,凡是清清楚楚可以做的,你就做;凡是有一點勉強的,你千萬別馬虎。那個勉強的部分就明說為什麼我不用,因為它介於兩難之間。

譬如說,方言的分區。我曾經研究過方言的分區,好些人同意,好些人不同意。那麼,方言怎麼分區呢?我基本上拿這幾個最中心的點,提出了一個搭界的"邊際方言"。當你碰到搭界的邊際方言你就不能分區。我想,古音亦復如此,最主要的南北分清以後,有懷疑的不能做。為什麼不能做?因為方言的接觸,我們不知道在一千多年的時間裡面有過多少接觸,怎麼個情形,凡是我們不能把握的事情,都付闕如,不說了。你點明這個地方我不大能夠講。

"根據什麼標準、通過什麼手續來區分《切韻》的兩個音系?"我就說根據剛才提到的語音的區別,根據當時人對南北方言所說的不同,而從現代方言裡面找南北方言的區別。

"區分後的結果是否完全是兩個音系呢?"是的,因爲區分後的結果還是以《切韻》爲標準。只是在當中把南北的區域分開,可能擬測不同的音,但是,這個音系的基本的現象都在《切韻》裡。因爲它原來把南北兩個方言合起來,現在我把它分開,就是如此。我希望這個回答可以啦。(參看《音韻學講義》第三講。)

*　　　　*　　　　*

問:《切韻》的創製時代應當必然地同時存在著其他的南北方言,且不一定就是要麼與金陵相近,要麼與鄴下相近。如果說現代漢語方言,除了閩語白話音以外,都源自金陵、鄴下這兩個方言音系,那麼現代漢語方言與隋唐除此二種方言以外的方言,又是什麼樣的關係?金陵音、鄴下音代表當時語音的可靠性有多大?金陵音、鄴下音的共同淵源,最晚可以追溯到什麼時候?

答:"《切韻》的創製時代應當必然地同時存在著其他的南北方言,且不一定就是要麼與金陵相近,要麼與鄴下相近。"對啊。你知道當時方言的情形嗎?我曾經做過一些小的研究,在我的書裡頭,後來在別的地方也提過。一個外國人,是我的一個老師,叫 Paul Serruys,他做揚雄的《方言》,他看當時揚雄的書裡面所說的內容有幾個方言區,大的方言區。他把資料一條一條加起來看,他做的結果是六區,他說在漢朝的時候方言有六個區。另外一個人是個歷史學家,很出名的歷史學家——嚴耕望先生,是我的前輩。嚴先生是歷史地理學家,他對歷史地理有深湛的研究,他從另外一個角度來做《方言》,他分的結果也是六區。兩個人研究的結果有很大的一致性。這就表明漢代的方言主要是六個,六大方言,六區。其中可能有的接近,有的離得比較遠。我後來就想,既然他們做漢代的方言,我應該找一點資料來做後代的方言,所以我就把晉朝郭璞的《方言注》《爾雅注》啊,《山海經注》啊,拿來分析,看他裡頭講到的方言區是如何。郭璞講得最多的就是江東，他對這一區最熟悉。那麼他的分區呢，有五個區。漢代有一區他沒提到，是關東，這是他書裡偶爾漏掉的。他的五個區跟漢代其他的五個區完全一致。所以我認為，漢代的六個區大概到魏晉的時候還是六個區。恐怕到《切韻》的時候，最主要的方言區不應該比這個多得更多。

當然這裡頭可能有一些改變。這是我的一個說法，就是究竟早先的吳語是不是現在的吳語。我們要注意啊，"吳"是個地域的名稱，"吳方言"跟吳語聽起來都是一樣的，可能早期的吳方言不是現在的吳語。我認為早期的吳方言是閩語。所以在那個時候，南北朝時候，閩語就是所謂"吳音"。後來，大批的江北移民去了以後，這就是現代的吳語。所以是不是漢代的六個區到晉代的六個區，有點難說。各區裡頭可能有移民的問題，產生了不同的語言現象。至於，你說，不一定跟金陵音近，不一定跟鄴下音近，很難講。因為在我看《切韻序》的情形啊，主要是南北兩個差異，陸法言對其他的方言有批評，比如說"梁益則去聲為入，秦隴則平聲似去"，這樣的話只是說就聲調而言。我們不討論"去聲為入"這一條，"去聲為入"有人推測是韻尾的問題，那麼這是另外一個現象。"平聲似去"這句話，一定是說那個地方讀平聲讀得像去聲一樣。像誰的去聲一樣？他一定是說，"我們的平聲如此，我們的去聲如此，他們讀的平聲，像就我們的去聲。"這個話才能懂啊，對不對？這是指聲調而言。聲調的不同並不是不重要，而是跟聲韻的不同不一樣。項夢冰先生不知道來了嗎？他前幾天跟我講，他說的連城話是客家話，跟梅縣的話呀，完全聽不懂。但是你要把系統拿出來看，濁聲母變送氣，那麼連城話濁聲母變送氣；濁上歸去，它也濁上歸去；梅縣話什麼音，連城話什麼音。系統對當清清楚楚。可是就是彼此聽不懂。所以那個時候的方言，我相信有些方言彼此不同，但是，是不是說不同到根本是兩個很不一樣的音系？我不相信。最主要的差異是南北，另外的不同是什麼不同？主要是詞彙的不同。

打個岔，我告訴你一個人家說的傳言，據說趙元任先生很厲害，到一個地方兩三天就可以把這個地方的方言全部學會。這個話啊，既不是假的，也不完全是真的。我做過趙先生講演的記錄，趙先生的耳朵特別好，這個是天賦，我們的耳朵都跟不上。他能分辨的東西我們不一定分辨得了。因爲他對語音的分辨極準確,所以他到一個地方,一聽你說這個字是怎麼唸的。他的腦袋裡頭跟這個字相同的就有一類,他就把他原來的那一類改成你這一類。你懂不懂我的意思啊?譬如說我沒到過四川,可是我可以冒充說幾句四川話,爲什麼能夠呢?因爲我把國語的聲調改成四川的聲調。n-改成 l-。"哪個說的?""你講得不好,我還可以。"(四川話發音)所以就是變一變聲調。一個方言跟另一個方言的差別如果只是聲調的不同跟少數聲類的不同,換一換就改過來了。你懂我的意思吧?在這種情形底下,你要說趙先生對方言一學就會,一點也不錯,但是你要說他就學會了這個方言,也不完全對。我到香港,要去買一把傘,我說:"買傘",當地人聽不懂。爲什麼?廣東話根本不叫"傘",他叫"遮"!你懂吧?就是車遮韻的那個"遮",趙先生如果不一個詞彙一個詞彙學的話,他怎麼知道傘是"遮"呢?所以詞彙是要一個一個學的,聲音的系統他可以很快地掌握,各位清楚吧?所以這是個既真亦假的傳說。但兩三天就學會一個方言的系統,真不容易啊!主要的音韻區別他能在幾天內掌握,所以他到台灣一個禮拜,他用台灣話唸兩個字,準確極了。因爲台灣這個閩語啊,管"綻"這個字他不唸"綻"(zhàn),不是"破綻",他唸"定"。所以趙先生一下子就抓住了,他說台灣人說"破定"。哇,聽的人簡直就覺得這人是個老鄉,因爲這兩個字他唸的音極準。

　　回到原來的問題,我覺得漢語方言很多的不同是詞彙的不同,在語音系統上面它有很多相似的地方。所以我不大相信那個時候有其他的方言跟金陵音系、鄴下音系有大大的不同,我不大相信。

　　"如果說現代漢語方言,除了閩語白話音以外,都源自金陵、鄴下這兩個方言音系,那麼現代漢語方言與隋唐除此二種方言以外的方言,又是什麼樣的關係?"現代漢語方言,如果我們說它來自兩個來源,一個是金陵,一個是鄴下,那麼現代漢語方言,跟隋唐除這兩種以外的方言,又是什麼樣的關係?這個是個很有意思的問題。當時主要是南北兩種方言,那麼另外還有梁益,還有秦隴,還有吳楚,還有燕趙。好,如果我們現代的方言是從這裡變下來的,變成現代的好多方言,吳語啦,湘語啦,或者客家啦,粵語,都在這個裡頭,那麼這些語言跟南北以外方言的關係,我認爲這些方言跟它們的距離不是那麼大，可能基本上是詞彙的不同，有一些語音上的不同，但是語音系統上恐怕沒有那麼大的差別。所以現在這些方言有可能跟從前個別的方言有聯繫，但是，這種聯繫不至於破壞它整個的系統。

我這些年來提倡兩個名詞，一個是方言史，一個是方言區域史。各位曉得這有什麼不同嗎？方言史是這個方言它的來歷，方言區域史是這個方言區域它的來源。可能一個區域裡頭不止一個方言。那麼我們最理想的方言史的做法是從現代推到漢代，推到漢代六個方言區的情形。如果我們能做到這一步，當然是非常理想的。但實際上不是的，實際上到了兩百年以上，差不多已經沒有資料了。比如說，傳教士的資料，我們推上去最多兩百年。即使更早一點，我們找到一點資料，絕對到不了《切韻》的時代。所以我們希望各方言的比較能夠推出它的古語，可是古語的絕對年代是很難定的。我希望我們對方言史和方言區域史的研究都能夠做得比較清楚一點。是不是現在有些方言是梁益的後代、秦隴的後代？我雖然現在用的是河北的鄴下切韻，根據現代方言擬測的，但是其實兩者有別的關係。這個關係，我相信，在系統上來講，不應該是很大的差別。

"金陵、鄴下音代表當時語音的可靠性有多大？"我覺得可靠性相當大，最主要的原因就是從《切韻序》來看他們八九個人討論的情形。而且，所有顏之推在他的《音辭篇》裡面說這個不對，那個不對，《切韻》裡頭統統沒有收進去。《切韻》跟他的話非常一致。顏之推說，這個，你們北人不分，我們南人分的，《切韻》裡頭也是分的。所有他的批評，差不多——我記不得有沒有一點點例外——基本上在《切韻》裡面統統有，就是他批評的錯的就不收。表示說當時對認定的類別所謂"蕭（該）顏（之推）多所決定"這個話不是虛言，是實際上這麼做的。所以代表當時語音的可靠性絕對很大。

"金陵音、鄴下音的共同淵源，最晚可以追溯到什麼時候？"我不完全能夠肯定。我現在的想法，是由於我們一直用《切韻》直接上推上古音，所以我才把這兩個音系連接到中古漢語來。我做魏晉音韻的時候，發現南北的區別，我到現在為止還沒有把那個南北的區別跟《切韻》南北的區別合起來整個地看一看。我覺得對整個古代方言的區別是有線索可循的,憑什麼這麼說呢?因爲兩漢的系統跟《詩經》接近,南北朝的系統跟《切韻》接近,而它們改變的樞紐的位置就是魏晉。所以我想,兩者的共同淵源,最晚可以追溯到魏晉。

*   *   *

問:(1)我對您取金陵音爲南方音系感到可以商榷。鄴下音與南方土著吳語都可看作是原生性的音系,而金陵音應該是後起的、次生的、變動的。我們恐怕很難把握金陵音與吳語與鄴下音各有百分之幾十的關係,但至少土著吳語是金陵音的最底層。而且根據從邪不分等現象,我們可以認爲南方土著吳語與現代吳語沒有根本上的改變。所以我認爲您的"現代方言除閩語白話音外均可上溯到金陵與鄴下音"的論斷不妥。退一步,假設您的古吳語即今閩語前身,則金陵作爲一個動態的變化中的方言,似乎可以直接上推到閩語,也就是您說的古吳語。也就是:是否可以說《切韻》的南北方言根據是鄴下與古吳語?(2)剛才那位同學提到的匣母在吳語中的特殊表現可能指的是匣母一些字讀同群母,比如說"環",紹興話是。吳語多有如此表現的。

答:這個問題很長啊,我分段來回答。他說"鄴下音與南方土著的吳語都可看作是原生性的音系,而金陵音應該說是後起的、次生的"。我不大能夠把握這句話主要的意義,任何語言你都可以說是原生的,也都可以說是次生的,都是後來的。我們現在怎麼知道我們的漢語經過了多少時候的改變才到現在的情形?這個當中曾經有過多少語言對她產生過影響?人民又遷徙過多少次?你要說哪一個是原生的,說鄴下音是原生的,這個真是難說啊!假如你說金陵音是因爲從北方去的,因此它是後起的,誠然,它跟鄴下音可以不同,但是不是它就是後起的?到金陵是後去,語音卻可能是原生性的。金陵音是遷過去的,留在北方的鄴下音原來也有可能是後起的、從別的地方遷來的。

"我們很難把握金陵音與吳語與鄴下音各有百分之幾十的關

係。"我想我們雖然不知道有多少的關係,但是由於《切韻》的編撰者是那麼清楚地把這兩個方言合在一起,我們相信它有相當多的共同的地方,至少這裡可以押韻,那裡也可以押韻。這裡提到的土著吳語,我不願意放在鄴下音跟金陵音的討論裡頭,因為我自己相信早期的吳地方音是閩語。"但至少土著吳語是金陵音的最底層。"我是說現在閩語的前身就是那個時候的吳語。那麼金陵音裡頭如果說有土著吳語的底層,這個是跟我的看法一樣的,無二致。因為我認為現在的吳語就是金陵音,而這個是從北方渡江而來的,那個裡頭是有一個底層,可能是早先的吳音、早先的吳語。這是我的想法。

"根據從邪不分等現象,我們可以認為南方土著吳語與現代吳語沒有根本上的改變。"這一點我不大能夠同意。我以為南方土著吳語與現代的吳語根本上有區別。我的根據是什麼?我告訴你,這是一個很偶然的機會得到的想法。我看人家研究浙江南部的話,有人說它是吳語,有人說它是閩語。我看兩邊說來說去,一邊可能根據是詞彙,一邊的根據可能是語音。我仔細看一看,就得到一個想法,恐怕有一個底層在那個地方。現在的吳語在浙南那個地方,裡面說的有一些底層的話是閩語。這是我的一個看法。假如是這樣,南方土著的吳語是閩語,跟現代吳語就有根本上的改變。除非如魯國堯先生所說,我的說法不成立。但是你也不能說"土著吳語到現代吳語根本上沒改變",這話恐怕也不能說定。

"所以我以為您的'現代方言除閩語白話音外均可上溯到金陵與鄴下音'的論斷不妥。"這個我不大能夠同意,因為正是我覺得吳地方音早晚期有不同,早期吳地的方言並不是現代吳語的前身。那麼我當時怎麼發現這個問題的?當我想到恐怕浙南吳語有一個底層時,我想難道它早先是閩語嗎?我第一個想到的就是吳歌,就是南北朝時吳地的歌謠。我想看南北朝當時所說的吳音究竟是現在的吳語呢,還是閩語?後來我在《南史》裡頭發現一條資料,我很高興。那是一個笑話,一個人做官,他父親的名字叫 iou,不知道是哪一個 iou 字。從前爸爸的名字是避諱的,所以他就不願意他的下屬講 iou 這個聲音的字。結果有個人老是講,不小心就犯了諱,他就把這個下屬貶走了。被貶的時候,這個傢伙就生氣了,就跑到他上司那裡去說:我也不知道你爸爸名字中的的那個 iou 字是"尊"字砍掉腳,加個"犬"字在左邊的"猶",還是加個"犬"字在右邊的"猷"。這是罵人的話。同時,當時他用"无骸尊"表示"尊"字砍掉腳,這個"骸"字"口交切",是"小腿"的意思。這個是閩語的特字,到現在為止其他的方言很少很少有。所以我看到這條資料的時候,非常高興。呀!你看,那個時候所謂吳音就是閩語。後來我又到吳歌裡頭找,吳歌裡頭看到好些字。那個時候吳歌裡頭管"人"叫"儂","無人不握扇",就說"無儂不握扇"。這個只有閩語才管人叫"儂",就是"儂"字。差不多同時有好幾個考證,但是基本上都是"儂"字,沒有問題。Jerry Norman 考證是"儂"字,黃典誠先生認為是"儂"字。早年我自己跟學生一起做研究的時候,我們就懷疑那個字是"儂"字。這個"儂"字是人的意思,只有閩語才有,吳歌裡的"無人不握扇"說成"無儂不握扇",我覺得這充分地證明那個時候的吳音就是閩語。這個問題我另外還有證據,現在不詳細說。

"假設您的古吳語是現代閩語的前身,則金陵作為一個動態的變化中的方言,似乎可以直接上推到閩語,也就是您說的古吳語。"不然!因為我覺得金陵音是從北方遷到南方的一個語言,跟當時當地的吳音是有區別的。"也就是可以說《切韻》的南北方言根據是鄴下與古吳語。"不是!它是鄴下跟金陵,而這個金陵音是從北方去的,而當時的吳語是閩語。

另外剛才那位同學提到的匣母在吳語中的特殊表現可能指的是匣母有一些字讀同群母。比如說"環",紹興話是 guæ。吳語多有如此表現的。我知道,可是那個字是例外,而且可能這個例外正表現它可能是吳閩共有的現象。我曾經看過吳閩語之間的特字,這個"環"就在其內。基本上,我是覺得匣母在吳語中的特殊表現,如果只是這個的話,那不夠。

* * *

問:《切韻》音系您主張是南北兩個綜合的體系。高本漢對《切韻》的擬音也好,或者其他各家對《切韻》的擬音也好,都是把它看成一個整體的,並沒有把它看成兩個子系統。現在不管是上推古語,還是下推近代音,我們都是從《切韻》出發的。如果說《切韻》是兩個子系統合起來的這麼一個綜合系統的話,那麼我們在從上古到中古的演變的研究中都是在那個綜合的系統裡面一一找對應,這樣的做法是不是合適呢?是不是應該先把中古音分成南北兩個系統之後,再去找對應更合適一些?包括從中古往近代演化也是。

答:到現在為止把《切韻》當作一個音系來看待,在研究上面並不見得造成很大的問題。我的意思是:擬測南北兩個音系,因為《切韻》音系不自然,假如分南北以後,可能比較自然一點。現在的《切韻》音系既然是兩個音系加起來的,你要從這個地方上推古音的話,並不見得會錯。假如你要討論從上古音往哪裡變,也許分開比較好。我現在是想《切韻》當作一個音系可能有些現象現在看不出來,而分開後在兩個音系裡頭可以看。譬如說三四等元音的高低問題,會不會有南北的不同而使得它走的方向不同。重紐的問題,可以說一邊有,一邊沒有,分開以後你就好講了。

這個當中有一個方法上的問題。我們現在的方法是基本上從《切韻》往上推,路是這樣走的。我的意思,《切韻》我們要怎麼弄呢?高本漢是把所有的東西擱在一起,我想可能不好。我想分兩個系統,變成兩個以後,再從這兩個去考慮問題。但是這跟從一個系統設想可能沒有太大的差別。因為它畢竟是個綜合的東西,《切韻》把兩個系統都加在一起了。反過來,假如說這個推論是事實了,然後從上古音來講底下的東西,就可能會有一點不同。尤其是方言,我的意思是希望將來能夠解釋,從上古到閩語怎麼樣,到鄴下怎麼樣,到金陵怎麼樣。主要是這三條綫。汪鋒有沒有來?他認為白語也是古漢語的一個分支。假如是古漢語的一個分支的話,那就得分四條綫。現在還不敢講定,究竟應該怎麼個做法,我心裡想的是三條綫。而且其中有些演變恐怕非得朝兩個系統的方向去想不可。

台灣我的一個學生叫徐芳敏,我就鼓勵她做閩語裡的韻母跟上古音韻部的關係,看看究竟是怎麼樣。能不能有一些中古已經看不出來的東西而上古看得出來的,而實際上只有閩語保存的。

我想是有的。

所以你的問題推上去沒有問題,往下可能有問題。我想,《切韻》分成兩個音系以後,恐怕現在的方言也是分兩類,一類從金陵來,一類從鄴下來。你要拿綜合音系解釋,它也可以解釋,因為兩個音系都加在一起了嘛。但是假如分開的話,可能條理比較清楚。而且分清楚以後有一個好處,假如有個方言應該屬於金陵音系的方言,居然裡面有個現象其實是北方鄴下才有的,你就需要進一步去解釋。究竟是後來語言影響的關係呢,還是什麼樣的關係。

我舉一個詞彙的例子。我以前總覺得"鼎"作為"鍋"的意思,是閩南人專用的,可是有人告訴我江西什麼地方也叫"鼎"。假如那個方言也叫"鼎"的話,一定是橫向的影響,是從閩語借過來的。所以我後來覺得討論詞彙的問題,內部的一致性非常重要,內部一致了以後才好辦。當然你要求全一致,有時候很難很難。但我想,最基本的幾個重要的分支應該都有。

李先生做泰語的時候,他提出用不規則的演變分區的辦法。我後來就寫方言"特字"的文章,跟他的看法有關係。本來,趙先生老早就注意"特字",分區以後,可能有一個普通的字,一邊唸送氣,一邊唸不送氣,而唸不送氣的是一個區域,唸送氣的是一個區域,就可能會發現分區的條件。所以要解釋中古以下的演變的話,分開兩個系統以後可能比較好一點。南北兩個音系是不是別人都同意,我不敢講。

西洋人做學問有一個好處,你儘管説話,你自己有什麼意見,你就說。老師不一定要求你一定得要怎麼樣,也不必要求別人都同意,也許擱了一些時候才發現你對。我舉個例子,我這個例子不是很好,有一年,開漢藏語國際會議,一個人在裡頭講漢語跟印第安語的阿塔巴斯堪語有親屬關係,我當時聽了簡直覺得奇怪極了,怎麼會有這樣的關係呀?李先生是阿塔巴斯堪語的權威,他研究了多年,他又研究漢語。我就問他,我說:李先生,你對這個事情什麼看法?他不怎麼説話,他只說:"一種説法吧。"我就覺得有些東西你不一定一上來就把它否決了,有新的看法總是好的,即使不是那麼成熟。不一定到什麼時候就證明它也有道理。我有的時候想,他們不是說印第安紅人是多少萬年以前從亞洲大陸去的嗎?

也許推上去以後，上面跟漢語有關係也不一定。誰敢講啊？（座下有人說：阿塔巴斯堪語是最晚才過去的，前面第一支進去已經把北美、南美佔住了，所以他們只是在阿拉斯加，最後就到西雅圖。）換句話說，最晚才去的話，那更可能跟漢語有關係。也不一定。這些事情，我就覺得你可以說，你有什麼想法就說。當然你自己說的時候儘可能地周延就是了。

*　　　　*　　　　*

問：對於《切韻》語言成分的學說，您跟張琨先生的差別在哪里？張先生是否主張《切韻》背後有多個語言？《切韻》以外有沒有失落的形態？

答：如果看過張先生文章以及他的書的人，對於《切韻》成分的問題，就會發現我跟他最大的差別，就是討論《切韻》時用不用閩語。要不要把閩語放在中古音裡討論。我的想法是不能，因為我不大相信我們能夠拿漢代以前就分出去的方言來談《切韻》，我不這麼想。我們這裡正好有印歐語的專家王超賢——他最知道——你想我們能不能用梵文擬測歐洲大陸的原始語？相信不可以。你一定要到討論原始印歐語的時候才能把它用進去。因為它早早地分出來，不在歐洲大陸的語言裡面，你沒辦法用。所以我跟張先生的看法這點相當不同。他引用的閩語裡頭三等仙韻和元韻的區別等等，這種看法我不完全贊成。

張琨先生說，《切韻》來自不同時期不同地方的方言，又說《切韻》的系統包容了不同方言的音韻區別。我想大概有點難處。我上一次講《切韻》裡頭最主要的是南北兩個區分。我又把周祖謨先生的文章《〈切韻〉的性質和它的音系基礎》找出來，他說："語其大較"就是說《切韻》裡比較大的區別，"南北有殊"，這個跟我的觀點完全一樣；"北人以洛陽音為主，南人以金陵音為主"，這個我也同意；"所以《切韻序》說：'江東取韻，與河北復殊。'足見南北韻書因語音有異而頗有不同。可惜這些韻書都已亡佚無存了。"他這裡講這些韻書亡佚無存現在都找不到了。但是他同意擬測一個單一的六世紀文學語言。前面的看法都一樣，都是有南有北。只有後面不一樣。

回到張琨先生說的問題，我覺得南北兩個方言是不是能夠收容當時方言中儘可能多的區別？我不相信。因爲一方面資料收集極困難，二方面《切韻》的作者們多多少少有一個正音的觀念。他們從這個正音的觀念出發，就只能顧押韻，就不能夠把所有方言的東西都收進來。所以他們才批評"秦隴則去聲爲入，梁益則平聲似去"。

在顏之推的《音辭篇》裡，他常常批評說這個讀法是不對的，現在我這個是標準的。而且顏之推在他的文章裡面說，我們家裡從小就有良好的語文教育，小孩子說話說錯了馬上糾正他，一句話說錯了認爲是自己的罪過。基本上只有幾個地方的人唸的音是正的。所以我覺得，當時的方言當中所有分韻的類別，是不是儘量地把它收進去？這一點一定有困難。我們可以回頭想另外一個問題，周祖謨先生說，這個《切韻》啊是從分不從合的。所以哪裡分的他都分。可是根據只是五部韻書，而這五部韻書代表的也就是南北，也就是這兩個方言。並不是說梁益的方言，或秦隴的方言，並不是。所以我覺得《切韻》並沒有收羅當時方言當中所有的區別，並沒有。張先生說，《切韻》是一個許多方言的綜合體，我不完全相信。我認爲當時最大的一個區別就是南北的區別，只能算是一個複合體。

是不是有失落的形態？我相信有。但這個東西啊，你怎麼個把握法？怎麼個拿來應用？所以龔煌城先生才提倡跟其他漢藏語的比較，在比較裡可能顯示一些我們在漢語裡看不見的東西。我們在河北、江東、閩語這三支裡，譬如說，都看不見複聲母，是不是就沒有複聲母了呢？有些失落的東西是可能有的。所以你要能夠從資料裡面找一點蛛絲馬跡。比如說，長短音有沒有不同？有人說有長音有短音。但是上古的長短音我們現在怎麼證明呢？像這樣的問題，是不是說，我們古書裡頭說，一個"伐"是長言之，一個"伐"是短言之，是不是"長言之"果然就是長音呢？"短言之"就是短音呢？可是這種資料少得不得了，只有一點點。你是可以想辦法收羅一點資料來看一看。是不是有失落的形態？我想一定有。

只是說，失落的形態我們現在怎麼樣去把它撿起來？怎麼樣把它挑出來？這個可能有一點不容易。我不知道大概回答了你的問題沒有。

＊　　　　＊　　　　＊

問：張琨先生認爲古代漢語存在方言的區別，主張漢語南北平行發展說。您在研究中古音時主張《切韻》包含南北兩個音系，您是否受張先生的啓發？可否介紹一下張先生的觀點，同時說明您的構想與張先生的差別之處？

答：第一，我沒有受張先生的啓發。我對《切韻》的看法，其實就是看周祖謨先生以及其他一些人的辯論而得到的。我看了他們的辯論，我當時最主要的感覺就是——我已經跟大家講過的——就是這些人怎麼樣對話。一定是南腔北調，最主要的，南北區別每個人都看出來了，因爲那麼多人都說南北有區別。可是，我的問題只是進一步說，南北兩個方言爲什麼不擬測兩個音系呢？我的問題只在這裡。所以我只是比別人進了一小步。大家都看出來南北有別了，即使主張《切韻》代表洛陽音系的人，他也得說《切韻》受了金陵音系的影響。我覺得很奇怪，你說它是洛陽音系，受金陵音系的影響，這個跟我說的沒有大區別。那麼，北方分不分魚虞？北方不分。《切韻》有沒有魚虞？有。它根據洛陽音系嗎？不是的，它根據的是金陵。那你怎麼能說《切韻》這個音系還是洛陽音系呢？我覺得這話講不通嘛！你只能說，《切韻》當中有一大部分是洛陽音系。可是我告訴你，金陵和洛下音系大部分都差不多的，譬如都有幫、滂、並、明，都有端、透、定、泥，都有知、徹、澄，沒有大的區別！我的意思只是說，我們忠於所發現的事實，既然是南北兩個方言，我們就擬測兩個音系。上次不是也有人問：有沒有別的方言。我說可能有哇，如果你能照顧到，最好。所以我在聲母 b- 的後頭加了一個斜槓，我說別的方言可能是 bh-。可是絕不會有一個方言又有 b，又有 bh。假如有的話，那是閩語，到了南部。移民是分兩批過去的，早先的人是 b，後來的人是 bh。等它清化以後，又有 p，又有 ph，所以濁聲母的清化後根本就是兩個類,清化了以後有的送氣,有的不送氣,而且你找不到規則。這個是從移民可以得到解釋的。

把《切韻》分爲南北兩個音系,我完全是從實際的表現看出來的。我只是認爲大家都說南北,爲什麼要擬測一個音系呢?而且要爲這個音系辯護,說它是長安音,是洛陽音,是什麼其他的音。我覺得不需要嘛!船禪分不分呢?南方不分嘛!你硬要說它把南方的東西也加進去?它明明是兩個音系合起來的。在我自己想這個問題的時候,我確信是如此。所以我沒有受到張先生的影響,我只是從《切韻》講《切韻》。

張琨先生他是講南北方言平行發展說。這個說法、基本上就是說方言自有其歷史。當然。方言都是這麼來的,唯一的不同點就是閩語這東西確實是南方的,它有自己的演變,因爲它老早分出去了。北方的方言當然也演變,可是它演變到《切韻》音系以後才分出許多方言來。並不是每個方言,好比說客家話、粵語、官話都可以推到漢代,各自有其演變,恐怕不是如此。它們分出來有早晚的問題。南北平行發展這個話很難講。很近的方言也不一定有平行的發展。平行發展大概指的是同時都在演變,那是當然,但並不表示具有相同的演變。閩語裡頭有好多問題是獨立演變過來的,沒有走上中原的演變的道路。舉個例子,-p、-t、-k 尾,它變出一個-ʔ喉塞音尾來了,有的閩語有四個塞音尾,有-p,有-t,有-k,還有-ʔ,它就是後來的變化。我們可以知道喉塞音-ʔ 有的是從-k 來的,有的從-t 來的,或者從-p 來的,可是我們找不到喉塞音尾單獨的來源。

我的構想跟張先生差別之處,我現在不是記得很清楚。第一,張先生基本上認爲《切韻》是一部涵蓋古今的中國音韻史,我不是這麼認定。我認爲《切韻》只是當時南北兩個方言的混合體。第二,討論切韻時他把閩語的資料放進去討論。可是我不大贊成,我不覺得閩語可以用於解釋《切韻》。我可以用閩語的讀書音,但是我不會用閩語的白話音來看《切韻》的問題。

＊　　　　　＊　　　　　＊

問：如果《切韻》只涵蓋河北方言和江東方言，不包含閩語特徵，那麼由《切韻》上推而得的上古音便不能解釋閩語的差別，閩語的層次和差別就只好到上古音以前的原始漢語去解釋了。不知我的理解對不對？

答：假如只從這金陵音和鄴下音推測上古音，那推的音只是上古音的一部分，確實不能用來解釋閩語。可是我的意思是上古音從金陵音、鄴下音加上古閩語才能推出來，所以閩語不需要到原始漢語去找解釋。實際上，你從文獻上看，上古音的《詩經》韻跟諧聲也涵蓋了閩語。如果只用金陵、河北兩個音系推出來，這只是早期的《切韻》音。你費了半天事極可能做的結果就跟現在《切韻》裡的系統差不多少，接近魏晉南北朝時候的音。

＊　　　　　＊　　　　　＊

問：《顏氏家訓》說："吾家兒女，雖在孩稚，便漸督正之，一言訛替，以為己罪矣。"請問：顏之推教的是哪種標準音？是金陵的，還是鄴下？判斷的標準是什麼？顏師古說的又是哪種標準音呢？

答：我想他教的恐怕是讀書音。因為他跟他兒女講話時，大概不大會糾正他兒女講話，講話沒有問題，因為是孩子從小就講的話，無所謂對與錯。我不知道他講什麼話，大概比較偏重於南部的金陵音。但是他兒女把字唸錯了，他就糾正，這個一定是讀書音。他正音的標準是什麼？就是讀書的時候應當怎麼唸。他舉的所有的例子都是讀書的，比如"璵璠"的"璠"應該怎麼唸。"顏師古說的又是哪種標準音呢？"顏師古是顏之推的孫子，我不知道顏師古說的是哪種音。不過可以從顏師古的注裡頭，從很多顏師古注的文獻來看。我不記得他確實是什麼，但是你可以看這個資料，孫子跟祖父的語音不一定就是一樣的。他後來讀書的過程我也不了解，我沒有研究顏師古一生的經歷是什麼樣子。

＊　　　　　＊　　　　　＊

問：冬韻上聲無韻目，只有兩個字，是什麼原因使得冬韻上聲這麼少呢？

答：冬韻字爲什麼這麼少啊，我常常說是自然演變的結果，這個沒有辦法。我上次已經舉了兩個例子了，讀 sēn 的"森"跟讀 sēng 的"僧"，這兩個音的字都只有一個。照說的話，在普通話裡頭，這個 s 加 en 的音應該多得很呢，這個字不是很難發的字，可是只有一個字。那麼冬韻上聲只有兩個字，在《廣韻》裡頭就把它借放在另一個韻裡了，不爲兩個字立一個冬韻上聲了。爲什麼少？可能是演變的結果，可能根本字就是少，我們並不能希望任何音節的字數都應該差不多，我們不敢這麼假定。是什麼原因使得冬韻上聲這麼少？我想可能沒有一個良好的解釋，那就是演變的結果。我以前覺得奇怪極了，sēng 這個音的字在國語裡是不是只有一個？是不是還有別的字？沒有。但捲舌的"聲音"的"聲"同音字就很多，"牲口"的"牲"、"生產"的"生"。爲什麼？演變的結果。

＊　　　　　＊　　　　　＊

問：《廣韻》中，江韻、陽韻開口舌齒音莊系字，普通話中唸合口，如何解釋這樣的現象？

答：這是個很出名的現象，大概就是像"牀、霜"這些字。這些開口字爲什麼會讀合口？我推測，造成的原因大概是莊系字的讀音，你記不記得我曾經跟你們講過，如果原來有一個 r 介音的話，r 就使得人感覺它有個合口的成分。所以我那天說，rain，讓人感覺這個 r 有合口的味道在裡面。這個解釋，是不是很好呢？也很難講。我們現在讀英文的 r 好像有一個隱含在裡面的合口的成分。是不是這個原因使得這些字走上了這個方向，我不敢講，我還沒有寫文章。可是,爲什麼只在莊系呢?爲什麼只在陽韻呢?可見這個演變的規律是莊系受韻母的影響,我們要從莊系的性質上來想這個問題。這個問題我不能夠很清楚地回答,只能夠做一個猜測。

二、中古音的擬測

問:您上次提及研究《切韻》應該擬測爲兩個音系,我很贊成,但是通過顧野王的《玉篇》直接擬測金陵音韻,豈不更加方便?

答:這話有相當的道理,所以在周祖謨先生做《篆隸萬象名義》中的《玉篇》音系的時候,他就把《玉篇》做了一個徹底的檢討。我不大用它的原因是因爲《玉篇》沒有一個很好的全本,都是殘本,現在的《玉篇》大概都是經過別人補正的。《篆隸萬象名義》裡頭的這一部分比較完整,但是不像《切韻》它是一本完整的韻書——具有系統性,就是我第一次說的系統性的資料。(參看《音韻學講義》第一講。)《切韻》是全面的音節字典,而且它的影響面也比較廣,一代一代沿用下來的。後代的韻書很多都是根據《切韻》來的,像《廣韻》就是如此。所以我們通常用《切韻》系的韻書爲基礎。如果把《切韻》裡面減掉顧野王所作的東西,是不是就可以作爲"鄴下音系"的內容?我沒有試,但是有可能。所以到了正式要做這個問題的時候,應該會很仔細地參考周祖謨先生所做的研究,看看《篆隸萬象名義》裡頭玉篇的音系,跟《切韻》不合的地方,是不是果然就是鄴下音系的內容。

*　　　　*　　　　*

問:《切韻》中鄴下音與金陵音是否有重疊的部分?

答:有。上一次我就講,《切韻》裡頭基本上南北的不同就是一種,就是這個地方押韻,那個地方也押韻,可是讀法可以不同。所以如果《切韻》的音有重疊的部分,金陵音跟鄴下音完全一樣,說的是兩個層次:一個層次是說南北的押韻都是相同的,讀音也相同;

另一個層次是說，押韻相同，但讀音不一樣。是不是都能分別？我想有相當一部分現在我們大概沒有辦法分別。換句話說，要想分別出南北區分的細節，我想不可能，大概只能夠分別某些顯著的，比如說魚跟虞的區別。我現在就想拿魚虞的區別作爲審視中國方言究竟歸於哪一類的標準，是歸於鄴下的呢，還是歸於金陵的？

所以它有重疊的部分。這個重疊的部分，再怎樣區分？如果沒有資料，我們就不區分它。如果南北方言所反映的讀音只是同一個方向，那麼你擬測同一個韻來涵蓋兩個方言並沒有問題。如果能夠區分當然很好。重疊的部分跟不重疊的部分都有可能區分。不重疊的部分，當然希望能夠分得很清楚；重疊的部分也希望能夠做。但是，我想，那應該是細節，沒有那麼大的區分。

*　　　　*　　　　*

問：您在劃分《切韻》南北兩個音系的時候，魚虞之分是一個非常重要的標準。而根據羅常培的研究，當時分魚虞的似乎只限於太湖流域一帶。那麼，魚虞分立的標準是否適合於南方方言？根據現代各家的《切韻》擬音，魚、虞在音上的差別並不大，其對立在整個音位系統中也不是很普遍的對立。請問：用魚虞之分來作爲劃分南北的主要標準是否合適？

答：很好的問題。我大致覺得它合適，我沒有想到它有什麼不合適。因爲當時顏之推批評北人魚虞不分。羅先生的研究結果，在太湖流域畫一個圈，東到哪裡，西到哪裡。我告訴你，這個是有問題的。大概幾十年前——至少二十幾年——我就發覺當時有些魚虞分立的地方，根本就不在那個圈子裡頭。閩語哪裡在那個圈子裡頭呢？閩語是魚虞可分的。具體的我記不清楚了，可是我老早就覺得他的圈子有問題。最近也有人說魚虞那個圈子可以擴大，可以包括別的地方。但是我們要注意一點：當時區分魚虞的區域跟現在區分魚虞的區域，這是兩回事情。一個是古代的，一個是現代的。從魚虞兩分的時候到現在，人民遷徙了不曉得多少次。因此我不覺得能夠把現在的這個區域跟那個時候的魚虞區分當同樣一件事來討論,我覺得不能夠。區域雖然不能夠,但是可以從語言本身來立論,現在各方言中區分魚虞的,相信它們的古語也區分魚虞。如果現在的方言中只是一部分有區分,那肯定是後來的影響。所以我覺得用魚虞的分別作爲南北區分的一個條件,至少到目前爲止還是可以用的。

*　　　　*　　　　*

問:上節課您說構擬中古音要參考全王本的小注部分區別鄴下與金陵音。其中呂靜的反切,我覺得有點問題。呂靜是晉時人,他與陸法言相距差不多兩百年,在這兩百年當中,語音的發展我們不得而知。陸法言採納了他的一部分反切,無形中便把不同時空的東西放在同一個平面上來看待了。因而您主張的《切韻》音系由金陵和鄴下兩個音系組成的假設便有了一些不純的因素了,您如何看待?

答:我跟這位同學的看法是一致的,呂靜的韻書要進一步解釋。小注裡至少有兩三個地方南北都不分,《切韻》從呂。我覺得奇怪,南北兩個方言都不分,從呂是什麼意思呢?我覺得那個地方有點問題。我既然希望分出來的《切韻》不能有混淆的部分,我們就要進一步追究,呂靜的《韻集》跟兩個方言的不同。陸法言採取的是什麼東西?陸法言採取的可能是其中讀音的部分,有一些字不認得,或者是不常用,就看呂靜的韻書。但是我相信當時讀書音受口語音的調整。大概那個時候,不見得會有一個完整的讀書音系,我不大相信會有。即便有一個讀書音系,也絕對跟口語分不開。現代方言有可能文讀跟白讀完全分得開的,有一個方言,我調查的儋州話,就是文讀音和白話音完全不一樣。

呂靜的《韻集》,陸法言採納了他分三四等的辦法。南北方言不分,今從呂。是不是把不同時代的東西放到一個層面上來看呢?一點都不錯!可是你要想一想,當他放到一個層面上看待的時候,是不是至少在陸法言的感覺裡頭,這類分法是他可以接受的。這些陸法言採納呂靜音的地方,大概不會因爲呂靜的音切混亂了它的系統。仔細看看，有些呂靜不分三四等的韻，陸法言也分。換句話說，陸氏是從系統上把三、四等分開，他一定可以在當時的口語裡分得清楚。我希望我主張的兩個音系組成的假設沒有不純的因素。但是我告訴你，你很難找到一個純粹的語言，我們現在哪裡找得到一個純粹的語言呢？我的想法，鄴下和金陵也就是相對來講是比較分得開的兩個語言。

*　　　　　*　　　　　*

問：請問，早期韻圖時代，韻圖的作者，對重紐有沒有清楚的認識？如果有，為什麼不在等韻門法中提出來，以致於後人長期不知道重紐的存在？

答：這個問題一半可以解釋，一半只能說猜測。早期韻圖時代，韻圖的作者對重紐有沒有清楚的認識？一定有。可是這個認識啊，不一定就是我們現在說的重紐。他覺得有兩種音節，一個音節放在三等，一個音節放在四等。要是他沒有一個認識，他怎麼可以放得清清楚楚的呢？你現在回頭看這個現象，我們現在對重紐的認識，主要就是韻圖，脣牙喉音，一個三等、一個四等對比在那兒。你看支韻的重紐，對比在那兒，清清楚楚。如果你說他沒有一個清楚的認識，憑什麼放？可是這個認識是什麼？是一個不同的音節，在他看來，覺得三等是一類，四等是一類。所以我說到韻圖時代，由於語音的演變，它的結構發生了變化。

至於說他為什麼不在等韻門法中提出來？這個問題很難說。等韻門法呢，是個後人不太容易懂的東西。他提出來門法是這個樣子的，你要用這個門法才能夠瞭解等韻的情形，和一些特殊狀況。可是，假如他不覺得這個地方分辨這兩個音有什麼困難，他覺得不放在門法當中也無害。這當然是我的猜測，因為我不知道他為什麼不放在等韻門法當中。這個狀況實在很難解釋。但是我認為並不代表他最初沒有認識，他有很清楚的認識。我們現在研究重紐的人可以清清楚楚看到，這個重紐一直到八九世紀慧琳《一切經音義》裡面也還有區別，這個區別是一直存在的。所以並不是韻圖作者別出心裁造出來的一個東西。

＊　　　　　　＊　　　　　　＊

問：您的重紐擬音最重要的支持是唇音加 i 有向舌尖音演變的實例，可以很好地解釋漢越語中重紐字的讀音，普通三等韻有 j，漢越語中普通三等韻的唇音字有沒有讀舌尖音的呢？

答：沒有，普通三等韻的唇音字在這邊不讀舌尖音。我的理論是說，在發現重紐四等唇音字有變舌尖音的例子，那麼純四等字是不是也變？在純四等那邊我找到好幾個字，張渭毅先生後來又補充了好多字，加在一起至少有十個字。換句話說，在 i 前面變 t 的，不止是重紐四等，而且純四等也有。所以這個例證給我一個信心，我相信我的推論是對的，那麼這個問題呢，他是說普通三等韻有介音 j，漢越語中有沒有普通三等韻的唇音字讀舌尖音的？沒有，如果有的話，這個答案就不對了。

那天講的時候，我說重紐的這種演變，現在中國方言幾乎完全沒有，看不見什麼痕跡。可能有個把字有類似的現象，可是你要曉得，在一個語言裡頭，有個把字有特別現象，這個證據千萬不能用。因爲你不知道那個字經過了什麼樣的一個影響而變化的，譬如說，有避諱的字；有其他個別的字可能受連用字的影響而產生變化。董師母是北京人，她說叫小孩不要吵了，本來是說"別言語了"。那個時候，一個說法是說，"別 ian 35 i 了"，第二個字"語"變了音了，從 y 變成 i；也有另一個說法說，"別 yan 35 y 了"，就把前面的一個"言"字也變成撮口、變成圓唇了。這種說法啊，我不知道現在還有沒有，有沒有"別 ian 35 i 了""別吵""別 yan 35 y 了"，還有。我本來猜想這個"言"字讀得比較重，所以把後面的"語"字同化，從撮口變成齊齒。但想不到輕聲的"語"也能同化前面的"言"字，從齊齒變成撮口。所以你不知道在這個語言當中，是不是由於兩個字接近，而使得它變化。

我最近在看電視劇，有許多人"去"字唸[khɯ 51]，例如，"別 khɯ 51 了。"或者"到哪兒 khɯ 51 啊？"這個"去"字是標準的撮口音,嘴唇圓得很好的。那麼"去"字爲什麼會變呢?你給我一個答案,爲什麼說[khɯ 51]?一個可能是用了方言,另一個可能是最常用的字反而就變了,所以這個"去",發 y 時懶一點,嘴巴不圓起來,"你要上哪兒去 khɯ 51 呀?"換句話說,個別字音的演變可能有個別的原因,所以你如果在某些方言裡頭有個把例子,能看得出來重紐對比的話,我就不敢用。

現在回到這個問題上,既然是漢越語裡頭有一個唯一的成系統的對當,我們現在才有根據從這個地方來推測,它爲什麼會變?主要就是介音-i-的影響。至於普通三等韻的唇音字,有沒有讀舌尖音的,沒有。

*　　　*　　　*

問:Ohala 把 pj 變 t 的現象稱爲唇音腭化,而我們知道,牙喉音在 j 的條件下,是很容易腭化的。如果重紐四等有 i 的話,爲什麼在同樣的介音條件下漢越語中是唇音發生腭化現象?漢越語中這種 p 變 t 的現象,有沒有可能是越南語自身的演變?

答:這兩個問題是連起來的。第一個我已經解釋了,重紐四等有唇音變舌尖音現象,牙喉音中沒有。那麼 Ohala 把這個 pj 變 t 的叫作唇音腭化,而我們知道,牙喉音在 j 的條件下,是很容易腭化的。這個我們要有一點解釋,這兩種腭化並不是相同的東西。從 k 變 tɕ 是一種;從 p 變 t 是另外一種。這兩種變化雖然都用腭化的名稱,可是它並不是完全相同的腭化。如果重紐四等韻有 i 的話,爲什麼在同樣的介音條件下,漢越語中唇音發生腭化現象,這個意思就是說爲什麼不是牙喉音發生變化。爲什麼是 p 加 i 變 t,而不是 k 加 i 變成 tɕ。這個問題好像不相干,無論漢越語有沒有這個變化,至少 p 加 i 變 t 的這個變化只出現在重紐四等,絕不出現在重紐三等。至於 k 加 i 變成 tɕ 這個變化在漢越語裡有沒有,我不知道。有的時候,我們不大能問它爲什麼不變。語言當中 k 接 i 的多得很,我們不能期望 k 都變成 tɕ。廣東話的 k 後面的 i 還存在,譬如說,"看見"的"見"說 kin,這種說法,並沒有變 tɕ 啊。如果你說奇怪,廣東話爲什麼不腭化呢？所以這個問題不相干。由於人群他們之間的來往，使得某些音保持不變，某些音就改變了，或者不保存了。那麼這個原因是什麼呢？可能是外界有影響，可能是它內部的一些變化。但是爲什麼不變不是一個很好的問題。

譬如說，英文的 schedule，有人把前面的 sch 連在一起唸成 [ʃedjuːəl]，可是 school 唸成 [ʃuːəl] 的，沒有聽過；scheme 也不會唸成 [ʃiːm]。那麼你說 sch 爲什麼它不變 [ʃ]？不好回答。

又譬如說，我剛到美國就聽人講，new，新的，他說成 [nuː]，有好多人講 [nuː]。我就發現他講 [nuː] 的時候呢，student 他就說 [stuːdənt]。我才發現 u 在這個舌尖音的後頭啊 [juː] 變成 [uː]。所以 student 他就說 [stuːdənt]，這個現象你可以解釋。可是 [skedjuːəl] 跟 [ʃedjuːəl]，就不是很好解釋。所以你要問 sch 爲什麼有時變有時不變，這個問題很難回答。

漢越語中脣音發生腭化，牙喉音有沒有發生腭化？我不知道。就當它發生變化，也不代表重三重四或普通三等韻之間有什麼區別，所以這一點對我沒有影響。它變也可以，不變也可以，沒區別。

漢越語中 p 變 t 的現象，有沒有可能是越南語自身的演變？當然是自身的演變啊，因爲漢語裡頭沒有這個現象，到了越南語裡頭才變讀了。這個問題隱含的意思是說，它自身的演變是不是可以找到越南話本身 pi 變 t 的現象。我不知道，因爲我沒有研究越南語的歷史。我們這些研究漢越語的人向來都從中國的角度來看，說這個是原來的借字，是顯然從中國借去的。即使我們認爲這個不是越南語本身的變化，那麼是什麼呢？你怎麼解釋呢？是漢語原來發生改變再借過去嗎？我想，恐怕沒有。所以你可以承認是越南語本身的變化，至於越南語本身的字有沒有 pi 變 t 的現象？我不知道。無論有沒有，都不影響。因爲畢竟這一組漢語的字，它在越南，從 p 變成 t 了。

*　　　　　*　　　　　*

問：按照你的擬音，普通三等韻是 j，重四等和純四等是 i，如果脣音 p 類聲母腭化的條件是後接半元音 j 的話，請問漢越語中普三唇音系列有沒有相似的變化？如果沒有,介音 j 和 i 的區別你怎麼看？

答:我的看法,普通三等韻的介音是 j,純四等是 i。如果 p 類的唇音聲母腭化的條件是半元音 j 的話,我沒說過腭化的條件是 j。你注意,這是 Ohala 說的,這個是在很多語言裡面有的一個唇音腭化 palatalization,j 使得唇音慢慢地往腭音方向走,變成 t-。我認為 i 也應該有相同的作用,在漢越語裡頭,重紐三等的唇音仍舊是 p-、m-,以及送氣的 ph-變 f-,重四的唇音呢,受到 i 的影響變 t-,跟送氣的 th-,明母變 z-。大概是這個樣子。所以你這個問題是說,如果唇音 p 類聲母腭化的條件是後接半元音 j 的話,漢越語中普三唇音系列有沒有相似的變化？我說 p 變 t 是因為 i 的影響,你這裡寫的是 j,不是同一件事。請問漢越語中普三唇音字有沒有相似的變化？我沒有說 j,我說是 i。所以我才到純四等的這個地方去找啊。重四純四都有一樣的介音 i 啊。所以你的問題不是很清楚。我要是說 p 類聲母腭化的條件是後接半元音 j 的話,我就麻煩了,我就要找普三的演變,你這個問題就對了。可是我現在認為是受 i 的影響,所以我才到純四等裡頭去找,它也有同樣的演變。漢越語裡普三的字沒有腭化,不奇怪。

你要問我說,這個 j 跟 i,為什麼有一個變,有一個不變,我只能說,可能 i 在這個地方,跟 j 是不同的東西。只有在元音 i 的時候,它才變,這是我可能的解釋。至於說它們的區別何在,為什麼一個變、一個不變,這個很難回答。是不是有 j 的韻母摩擦的成分特別重？有 i 的這個沒有摩擦,或者摩擦很輕,所以兩個對比很清楚,i 前面的唇音就發生變化。

* * *

問:重紐現象存在於唇牙喉音中,漢越語中重紐四等唇音有變讀舌尖音的現象,請問在牙喉音中有沒有相應的變化？

答:我沒有注意,不過好像沒有。因為要有的話,研究重紐的人老早就拿來研究了。

＊　　　　　＊　　　　　＊

問：在重紐三四等擬測的間架表中，爲何將舌音齒音的部分構擬爲 rj？與重三的介音相同，這樣一來，齒音又有介音，不就也出現重紐了嗎？

答：我對重紐三四等的擬測，爲何將舌音齒音的部分構擬爲 rj？爲什麼擬這個介音？在唇牙喉的地方有 rj，爲什麼在舌齒音的部分也有 rj？這個原因是什麼？這個就是一直在研究的，認爲重紐的字跟什麼字來往。這個就是陸志韋先生以來的研究，重紐的字哪些是跟照二有關係，哪些跟照三有關係，哪些又跟來母有關係。主要是研究字與字之間的關係的。周法高先生的學生謝美齡做的碩士論文，分析《全王》、慧琳《一切經音義》中重紐字與舌齒音的字，可以肯定陸志韋的說法。陸志韋認爲重紐三等和知系、來母、照二是一類；重紐四等和精系、照三是一類。喻四近於重紐四等，喻三近於重紐三等。這個是前人的研究，認爲它走的方向是這樣，後來的人又檢查，發現大概的路向沒有問題。所以我才在舌齒音的部分，擬這個 rj。就是說，重紐三等跟舌齒音知系與照二接近，但並不是知系與照二就變成了重紐。

他第二個問題是說，tsr- 指的是哪一組字？是不是莊組字？是莊組字，對的，這個是照二。是不是捲舌音阻礙腭化？這個問題也很有意思，是不是捲舌音阻礙腭化？我想是的，因爲捲舌音使得它不容易變成 tɕ-。但是我回答這個問題，沒有十分的把握，因爲我目前不記得，有沒有照二的字直接變 tɕ-，大概照二的字在普通話當中是變捲舌，然後在某些攝裡，變成 ts-，如果由 ts- 再變 tɕ- 是有可能的，那麼就腭化了，是 r 掉了以後的事情。但是是不是有照二直接變 tɕ- 的，我就想不起來有這種現象。所以你問的說，是不是 r 阻止腭化，我相信是的，因爲這個 r 呢，使得這個音捲舌化，沒有辦法腭化。

　　　　　＊　　　　　　＊　　　　　　＊

問：孫玉文先生的尤韻重紐，你意見如何？

答：我同意，最簡單，也是最簡單的回答。因爲好久沒有再仔細去想這個問題。因爲好幾個韻的情形不一，有人認爲幽韻有重紐三等字，看法可能不同。可是在尤韻有的話呢，對我來講也沒有困難，只是說它這裡並沒有很整齊的對比。說得最多的是龍宇純先生，他把照二、照三也認爲是重紐，喻三喻四當然是，好多他都認爲是重紐。這個說法啊，我不能完全同意。但這個韻，尤韻，相信沒有問題。

　　　　　＊　　　　　　＊　　　　　　＊

問：張渭毅先生在他文章裡頭不贊成《切韻》純四等擬 i 介音，所列舉的三條理由當中有一條是：如果純四等韻有 i 介音，爲什麼跟一二等韻一樣，不跟章組聲母配合？而普通三等韻的丑類和重紐四等韻卻能夠跟章組配合？

答：我最簡單的回答就是說我不知道。我也可以用一個最簡單、避重就輕的辦法來回答。我說這是演變的結果，這是章組字，照三的字演變的結果。我不必解釋四等的 i 介音爲什麼不跟章組配。否則回答起來太困難了。

我最少問過你們兩次，普通話爲什麼沒有陽平調的 báng、dáng、gáng 這類的音？我說它是演變的結果，沒有這個東西。那麼我就不需要解釋嘛。因爲演變的結果是一個缺空，所以沒有字。我可以說章組這個地方是缺空，所以沒有。因爲章組字配什麼音，並不是從中古開始的，而是從上古演變下來的，那麼上面它是怎麼分配的？這就困難了。基本上我可以說，可能是個演變的結果。這就是我一個避重就輕的辦法，但是有可能是對的。並不是說避重就輕就不對，它可能是對的。因爲演變的結果，慢慢它就不接 i 了。

* * *

問：鄴下方言中喻母字是只有聲母的差別呢,還是既有聲母,又有介音的差別?

答：因爲喻三字大多出現在合口的位置,幾乎不大出現在開口的位置,現在我們都認爲它同重紐三等一類,前面呢,有一個 ɣ。喻四的字呢,我自己並沒有特別的擬測,我只是用的李方桂先生的辦法。按照李方桂先生的辦法,喻三的字是 j,喻四是 ji。可是這個區別代表什麼意義,我暫時沒有說話,我就暫時接受它有這種區別。那麼現在把喻三改成 ɣwrj-,由於時代上的不同,後來可能變成 wj,喻三跟喻四大概是這個樣子,這是只有聲母的差別還是既有聲母又有介音的差別呢?這個在我看來,就是既有聲母的差別又有介音的差別。

* * *

問：在《李新魁自選集》中看到這樣的內容:具有重紐的韻,其脣音字後代不變成輕脣;而不具有重紐的三等韻,其脣音字大多變爲輕脣。你的擬音能解釋這個現象嗎?

答：沒問題啊,當然能啦！因爲我的系統重紐三等是 rj,不具有重紐的是 j。所以普通三等韻受這個 j 的影響,變成輕脣;rj 因爲有 r 的關係,不變輕脣。大概總有十個韻吧！東鍾微虞文元陽尤凡廢十個韻,這十個韻的字因爲有 j 的關係,所以都變成輕脣。所以我覺得解釋這個現象沒有問題。

* * *

問：您主張相押韻的字主要元音和韻尾相同,先仙兩韻,"仙人"的"仙"跟四等的"先生"的"先"押韻,從南北朝到隋都是同用居多。假設仙韻主母音加韻尾是[en]，仙韻主母音押韻的是[en]，與之押韻的先韻也是[en]。你構擬重四和純四等介音相同，那構擬的結果就是，重三 rjen 介音，重四，ien，純四跟它相等。那麼陸法言爲何把這個 en 分到先、仙兩韻中，而把不同的 rjen 和 ien 放到一個韻裡呢？

答：這個問題非常好，而且是非常深入的一個看法。首先，我並沒有認爲仙韻重四完全等於純四等的先韻，完全押韻，完全一樣，我沒說這樣的話，這個是你寫的。假如你假設仙先兩韻都是 en 當然就產生了困難。高本漢假設的是稍微偏前的一個 ën，反正不是 en。然後他四等的先是 ien。所以，我沒有說，仙韻的重四跟先韻的純四完全是一樣的，兩者還是不同。這個地方是高本漢設計得高明的地方。他原來設計的時候，除掉介音，元音高低還有不同。

現在我分兩方面講。一方面是說，先、仙是押韻的，到隋代還是同用居多。我上次不是跟各位講過嗎？我說凡是押韻的東西我們假定它們主要元音跟韻尾都相同。不錯，但是，我並沒有說，一定要完全一樣。我說可能有介音的不同。我是不是講過這樣的話？元音韻尾一樣可能介音不同，它是可以押韻的，那麼三等的仙跟四等的先押韻很多，是不錯，即使是這樣，我們也還可以認爲仙韻的-iën 跟先韻的-ien 兩者之間有一些押韻，還是可能的。所以，很不容易把它們的關係弄清楚。

另一方面，我最近有一個想法，可以解釋陸法言爲什麼把 en 分到仙先兩個韻中？由於元音不同，所以他分在兩個韻當中。而由於長久以來押韻的關係，他又覺得可以押韻。所以我就一再講這個"平安"的"安"字跟"煙"字，在普通話裡究竟可不可以押韻。那天大部分人舉手說可以押韻的，而且介音並不相同，元音也不相同，安是[an]，煙是[iæn]。你現在看它押韻嗎？元音不同，對不對？介音也不同，怎麼可以押韻呢？現在-iën 跟-ien 這兩個是介音相同，元音有一點高低，那它們就更能押韻了。至少我不覺得這個造成一個很大的問題。

＊　　　　　　＊　　　　　　＊

　　問：上個禮拜您用高本漢的擬音來解釋仙先押韻，《切韻》分屬不同的韻，高本漢構擬是不考慮押韻的。《中國音韻學研究》"古代韻母的擬測・總結"一章："《切韻》的韻就是在唐代也不是詩韻裡的韻：在詩韻裡用的韻要寬泛的多。"（第526頁）您構擬古音是要考慮押韻的。《魏晉音韻研究》指出：1. 押韻必須主元音相同。2. 押韻必須韻尾相同。您和高本漢構擬的原則不同，所以用高氏的觀點來解釋您的觀點解釋您的構擬不合適。

　　答：我得想一想。因爲押韻有兩種現象：一種啊，唐韻跟陽韻，它是不同的韻，可是從來都是可以押韻的。所以擬測的時候，有人一個是a，一個是ia，加一個介音，三等介音。那麼，另外一個現象是東韻，它東一、東三在一起。所以切韻的分韻究竟跟介音的關係到什麼程度，這一點還是很難説。我來擬測的時候，從實際押韻入手，我是照顧它究竟能不能押韻。那麼我給同一部擬測相同的元音、相同的韻尾，我認爲它可以押韻。可是我並沒有說，不同的韻部一定是不同的元音、不同的韻尾。我沒有說這個話。換句話說，我就希望能夠照顧到唐韻一等、陽韻三等押韻例子。我的意思在這裡。

　　那麼現在我用高本漢的擬音來解釋這個問題，可能也許不合適。可是我們不要忘了，到了《切韻》的時候，我是能夠用押韻的材料來幫助我對《切韻》的分析的。假如你說三等跟四等一直押韻，那你擬測一個音不就好了嘛！只要介音不同就行了嘛！一個是三等一個四等。可是我們不要忽略就是這個四等的韻哪，有可能在那個時候有一些辨音強的人，已經發現它讀音有些不同。就好像現在"安"跟"煙"一樣，有人發現"煙"有一點不同，專門用"煙"類字一起押韻一樣，同一個理由。所以在這個地方，我究竟將來能夠在構擬方面用押韻的資料到什麼程度，我還會考慮。但是，我絕對會用押韻的資料來參考。我那天所說的不能肯定的一點是先會不會跟元有關係？我後來想這個會有問題，因爲元通常是跟魂痕走。所以實際上不大能夠做。

第三章　中古音

*　　　　　*　　　　　*

問：您把鄴下音系的濁聲母擬成送氣不送氣兩套，意思是某一方言的濁聲母要麼送氣，要麼不送氣，那麼清化後相應地應該是送氣清聲母或不送氣清聲母。在今山西北部某些方言點中，古全濁聲母今白讀有平聲不送氣，仄聲送氣的類型。您的這種構擬方案如何解釋這一類型？

答：我的構擬也可以解釋這個類型。平聲送氣、仄聲不送氣的我沒有說，所以平聲不送氣、仄聲送氣的我也沒有說。我只是說，有的方言全部的並母讀 p，有的方言全部送氣，就像客家話。但是有的方言按平仄調的條件來區分，甲類讀送氣，乙類讀不送氣。那麼反過來，甲類讀不送氣，乙類讀送氣。這個是有條件的音變。我雖然沒有提到這個，但我不覺得這是一個困難。

*　　　　　*　　　　　*

問：請問您對匣母、群母、喻母的構擬分南北嗎？如何解釋現代吳語中匣母字的讀音和北方話的不同？

答：我還沒有仔細想，南北可能有一點小差異。可是，我們不要忘記，我做匣母跟喻三時，是推到上古去的，我說匣母有兩個來源，這個跟中古無關。中古的匣母是歪頭的(ɦ)，濁喉擦音，或者是ɣ，是舌根的濁擦音。大致的方向大家都沒有異議，大概都不出這個範圍，沒有人反對匣母不是這麼一個音。所以在中古來講，匣母就是一類。我並沒有說中古的匣母分兩類，我是說推到上古是兩類。我相信匣、群、喻三、喻四的構擬南北可能有一點差別。北方是四種聲母，南方的匣跟喻三可能合二爲一。

"如何解釋現代吳語中匣母字的讀音和北方話的不同？"這個一點都不奇怪啊。因爲吳語的匣母現在保留濁音啊，是一個歪頭的 h。保留匣母正是表明它濁的來源。在現在普通話的匣母中，濁音丟失了。平聲字是陽平,所以它是濁聲母來的。正如我們說吳語當中保留了很多 b-、d-、g- 的濁音,跟北方話不同,你怎麼解釋?因爲北方話是受聲調的區別,濁聲母變陽調,清聲母變陰調。你要看聲調,所以陽平字吳語統統唸濁音。解釋並沒有困難。

*   *   *

問:古支、脂、之三分的格局,到了《切韻》時代是否不復存在?您的那幅圖是否有可能是這個樣子(如下圖)?

鄴 下	支	脂	之
金 陵	支	脂 之	
方言 A	支 之	脂	
方言 B	支	之	脂
切 韻	支	之	脂

答:"上古支、脂、之三分的格局,到了《切韻》時代是否不復存在?"怎么不復存在?"不復存在"這個話很難界定,存在是存在,可是當時南北兩個方言加起來才存在。從鄴下、金陵歸字的範圍就能看得出來,譬如說,脂韻的字在鄴下是跟支押韻的,在金陵是跟之押韻,這一部分字在兩個方言中有兩押的情形,當我們合起來的時候就變成三韻,所以合起來以後就是支、脂、之。在這種情形底下,你不大能夠說支、脂、之三分的格局不存在了,這話我不敢講。只是說它存在的情形有點特別。

前幾天有一位同事問我,他說你分成兩個音系以後,把這兩個再合起來,會不會就跟現在大家擬的《切韻》一樣?有可能!因爲現在擬的《切韻》就是把兩個加起來嘛!就是說,所有的區別加在一起就是這個樣子。那麼,你可能會問這個東西你做了有什麼意義?當然有意義。因爲,這個是實際的語言,可以分成兩個。如果擬成一個,它不是一個實際的語言。我曾經提過有人批評,說《切韻》根本就不是一個語言,根本是個虛擬的東西,假的。可是在我這麼做以後，它就可能是真的。所以你說這裡三分的格局是不是存在，你說它存在也可以，說它不存在也可以，你可以說它只有兩分。可是兩個方言又有不同。你要細細分辨的話，就是《切韻》的辦法，三分的格局還是存在的，因爲它把兩個方言的區別加在一起了。

　　　　　　*　　　　　　*　　　　　　*

問：就聲類來說，依據統計法的結果，大抵一、二、四等是一類，三等是另一類。現在您給四等韻擬了一個 i 介音，那如何解釋四等與一、二等在聲類統計時性質相近的現象？

答：這是個常見的問題，我並不覺得有困難。假如說一、二、三、四等是 a、a、ja、ia 這個樣子。我的說法是——這個其實不是我的說法，老早就有人討論這個問題——一、二、四等是元音，三等是介音。

"怎麼解釋四等與一、二等在聲類統計時性質相近的現象？"因爲一、二、四等都是元音，而三等韻有一個 j。我們現在不知道當時唸的時候多輕多重，都不知道。假如它是一個輔音性很強的 j 的話，那 ja 跟 ia 差得很遠，但是我們不知道它實際情形怎麼樣。我的解釋是一、二、四等是元音，三等是介音。

這個問題老早就有人問，也一直在我的腦子裡。可是要解釋起來並不是那麼容易。因爲後來三、四等都腭化了，是不是四等的 i 慢慢地也變成了 j？然後二等也有腭化的。那天我舉的"監牢"的"監"字等，二等的字，現在也腭化了。爲什麼腭化呢？這是音韻學裡的問題啊。譬如說，北京現在大概還有這個說法，"隔壁"可以說"介壁兒"。"隔"字是二等字，它爲什麼唸"介壁兒"呢？因爲二等的牙喉音字也腭化了，有的卻不腭化，這個原因是什麼呢？因爲有的字當中多出一個介音 j 來。你要是認爲二等字《切韻》就有介音，這個我不能承認，因爲《切韻》那樣的結構我不覺得二等、三等都有介音，我不相信。請注意啊，結構是一回事，我相信不相信是一回事。譬如說，假如有人擬測二等是 ɯa，三等是 ja，麻二、麻三兩個都有介音。他可以這麼做,但我不相信二等跟三等是介音 ɯ 與 j 的區別。我相信二等和三等只是一個介音的不同(有 j 無 j),由於結構的關係。結構在那個地方,但認定是另外一回事。我相信一三等共一韻、二三等共一韻,意義上是一樣的,都是元音加一個介音。我不相信二三等共一韻是兩個介音的不同。但是別人儘可以相信,並不是說別人不可以相信。我重視結構的意義就在這裡。為什麼這個 a 不單獨出現?不是跟 ɯ,就是跟 j,哪裡有這樣奇怪的事情?這個都是批評別人的研究,我上一次已經說了我不主張做太多的批評。因為跟人打筆仗麻煩得不得了,而且說得不好容易動肝火,做學問就是不能動肝火,你就要平心靜氣的,即使你有一點火氣了,寫文章的時候也還是要儘可能忍住那個氣。

在聲類統計的時候,一、二、四等聲類相近。也許我現在的解釋不是最好的解釋,說一、二、四等是元音,三等是個介音。可是你要曉得,元音和介音是個相當大的區別,介音是一個半元音,元音跟半元音的區別是相當大的。可是這個問題是觀念上的問題,我覺得它很大,但是做實驗語音的人說好像區別不是那麼大。所以,我雖然回答你一、二、四等是元音,蠻難說的。因為我們不知道四等這個介音在當時是怎麼唸的,到了現在,它也許已經變成 j 了。

*　　　　*　　　　*

問:上次您列舉了一、二等韻在方言中的差異,您認為溫州方言來自於金陵音系,其中一等山攝寒韻像"干"為 ky;二等山攝刪韻"奸"為 ka。請問:為何二等韻在今溫州方言中讀 a,一等韻讀 y,二等的舌位反而低於一等?

答:我上次的意思,就是因為二等的 a 它沒有改變,我才猜想一等的 a 可能走的是兩條路,在北方一等的 a 保持不變;在南方一等的 a 可能往央 A 那個方向走。這個都是推測啊,沒有確定的意見。然後這個 A 往 y 的方向走。兩種不同的音系有不同的演變方向。在北方是一前一後,原來二等的 a 還存在,一等的 a 保持不變;而在南方發展的方向不同,它是往央 A 的方向走,有可能是走過 œ、ø 然後變成圓唇前元音。這個是我的推測。這是為了解釋溫州的音韻,它確實是一等舌位比較高,二等的舌位比較低,為什麼呢?正是因為上古一、二等的 a 到後來有的地方是前後的區別,有的地方是高低的區別。徐通鏘先生認為:從《切韻》看起來,有的地方是前後的對立變成了高低的對立。我認為《切韻》是兩個音系,一南一北。我的意思是:可能在北方是前後的對立,在南方是高低的對立。

*　　　　*　　　　*

問:上古音中,東部包括東一、鍾三、江韻大多數字,冬部包括東三、冬一、江韻少部分字,而在《廣韻》中,冬與鍾三相配,東與東三相配,如何解釋這樣的變化?

答:我不覺得在這個解釋上有什麼困難。我想,最大的可能的原因,就是原來的元音產生了變化,使得東三等跟東一等變成同樣的元音。原來的東部跟冬部有人說它分,有人說它不分,最後我們認為它應該分。因為幽部跟侯部的關係,看得出來,陰聲跟陽聲相配,所以認為冬部(中部)跟東部應該分。

我研究魏晉的東、中(冬)兩部以及韻母演變時就是推理,我的推測是從李先生的元音系統來的。我很高興的是,到現在為止,雖然有很多人提出六個元音,也有人提出五個元音的說法,但是我目前還相信李先生的四個元音的說法恐怕是對的。我也有五個元音的說法,不過是在諧聲時代。我在《漢語上古音的元音問題》中檢討各家的說法,認為四個元音最好。龔先生的研究給了我很大的支持,他根據漢藏語的研究,也認為上古是四個元音。各位曉得,有新的想法很好,但是,不一定舊的就不對。例如鄭張尚芳先生認為有六個元音,白一平(William Baxter)也認為是六個元音。可是不見得對。我有反對的理由,龔先生也有他反對的理由。龔先生反對的理由是說,如果擬測一個 e 跟一個 o,在 i、u、ə、a 以外,多出兩個元音來,在漢藏語的比較上,找不出根據。我反對的理由是,他們把《詩經》一個韻部裡的韻母增加得太多了,認為侵、緝、談、葉每個韻部都有三個韻母,《詩經》裡根本找不到證據。我的推測是從四個元音出發的。推到中古以後，認為經過元音的重整，所以冬與鍾三相配，東與東三相配，是元音演變的結果。

*　　　　　*　　　　　*

問：關於梗攝字韻尾的問題，橋本為梗攝字韻尾擬測一個舌面鼻音-ɲ，您能介紹一下他的理由嗎？

答：我那天介紹了理由，也許我講得不清楚，再試試看。

	通	江	宕	梗	曾
		-ŋ			
官話	-ŋ	-ŋ	-ŋ	-ŋ	-ŋ
西南官話	-ŋ	-ŋ	-ŋ	-n	-n
吳語	-ŋ	-ŋ	-ŋ	-n(-ŋ)	-n(-ŋ)
客家話	-ŋ	-ŋ	-ŋ	-n	-n

這個是董先生書中的內容，我大致用他的東西作一個根據。這個表上各攝都有舌根鼻音韻尾。傳統上我們認為這五個攝的韻尾是-ŋ。深、咸兩攝是-m，臻、山兩攝是-n，這個大家都沒有意見，看法都一致。主要問題就出在這五個攝裡面。大致地說，既然中古是-ŋ韻尾的話，那麼各方言就應該像官話這個樣子，韻尾全部是-ŋ，那就沒話講。可是問題是，有的方言是-n尾。所以橋本就擬測一個舌面鼻音尾，就是說在各方言裡演變的情形不一致，有收-n的。這個是比較語言學的一個原則，就是當你有三個方言都是-ŋ的時候，你擬測一個-ŋ。其中有一個方言是-n的時候，你就不能再擬測成-ŋ，因為演變不同，為什麼在某一方言中它會變-n呢。所以橋本在梗攝擬測一個舌面鼻音尾-ɲ。

*　　　　　*　　　　　*

問：薛鳳生也認為梗攝字的韻尾是-ɲ和-k（入聲），這樣可以解釋其入聲字後來變入皆來韻或齊微韻的現象。另外在越南語的漢越音中，梗攝字的韻尾也很整齊地變爲腭化的-ŋ̂和-k̂，類似舌面音，是否也可以支持梗攝字韻尾爲舌面音的觀點？

答：我覺得不能。我知道薛先生的意思，我跟他辯論過，他說他相信舌面鼻音尾，我說這個一點道理都沒有，絕對不要相信。我那天已經講了兩個意見。一個意見是說，梗攝字所以會變-n，或者如這個同學所講的在越南有讀舌面音的情形，入聲也有這樣的情形，好像是梗攝字的一個很整齊的現象，正是因爲這個原因，我才說可能是受了前元音的影響。我那天舉出兩個地方的例子，都是梗攝字韻尾在前元音之後，-ŋ 變成了-n。換句話說，例外的讀法要找一找，看看它還有沒有別的解釋的可能。如果有的話，我們就不要增加一類鼻音韻尾。

另外一個意見，我也曾經說過。我們推到上古去，大家都同意只有三個韻尾-m、-n、-ŋ，沒有人認爲梗攝在早先的時候不是舌根音，包括橋本自己也在內。只是因爲後來的演變不同，所以他認爲在中古的時候產生了這麼一個舌面鼻音。我一點都不覺得道理充分。我覺得這個地方是我們沒有看到可能的其他的原因，所以才做這樣的推測。假如我說，"通、江、宕、梗、曾"五個攝裡只有梗攝的字基本上是央元音，或者是比較偏前的元音，使得-ŋ 在某些方言裡面變成了-n，這個一點都不奇怪。我那天舉的兩個例子就是這個道理。

即使我們現在說有越南音中的資料，我還是要看越南的資料裡究竟是在前元音後頭，還是後元音後頭。我曉得薛先生的意思，那樣的處理對他的解釋比較方便，但我不能承認這一點。當面我也跟他辯論過，他那個系統太簡化了，有時好幾個音加在一起算一個音位，譬如說，好像是 yɨy 加在一起算 i 還是什麼，我忘了。基本上他的元音系統太簡單，所以他的解釋很有些問題。他這種處理法是早年音位化理論流行的時候的一個看法，可以這麼做，當時絕對可以這麼做。但是音位化到極點之後會有一點問題。我給他寫過一個書評，我後來寫這個文章也就是表示跟他有不同的看法。

我們常常說英文中最顯明的例子，就是英文的 h-跟-ŋ 是互補的兩個音位，h沒有在音節最後面出現的，ŋ沒有在音節前面出現的。可是沒有人把他們歸爲一個音位。這個是原來學普通語言學的時候一上來就學的。我們其實可以弄成這麼一個音位ɦ，它在音節前面是h-，在後面是-ŋ，可是實際上沒有人這麼做。

拿我們熟悉的語言來講，我們的普通話有一套 tɕ、tɕh、ɕ 跟另外的三套 ts、tsh、s、tʂ、tʂh、ʂ、k、kh、x 完全地互補，我們現在並沒有把它們合在一起啊。現在所有的普通話的拼音方式中，好多人有不同的處理方式。比如說，高本漢把 tɕ、tɕh、ɕ 還原爲 ts、tsh、s、k、kh、x。在威妥瑪式拼音裡，chi、ch'i 就是 tɕi、tɕhi，chu、ch'u 就是 tʂu、tʂhu，換句話說他把 tɕ 跟 tʂ 合在一起。把音位法推到極端，可能會有一點問題的。我跟薛先生當面爭論過，我說你這個看法我沒有辦法同意。可是做學問的好處就是各說各話。所以這位同學問的這個情形，我一點都不覺得能夠支持梗攝有舌面韻尾這麼一個觀點。我認爲梗攝清清楚楚是個-ŋ，是個舌根鼻音尾，只是在不同的元音之後。當然，你可以批評我說我並沒有做一個全面性的研究，這個是不錯的。我沒有做全面性的研究，把所有的情形都考察清楚。譬如說吳語的當中哪個唸-n，哪個-ŋ？唸-n 的是不是就是前元音後面？但是梗攝字如果有舌面鼻音音尾，上古是-ŋ，中古是-ɲ，但在官話中卻又回頭變成了-ŋ，不是很奇怪嗎！

三、開合口

問：《切韻》中有很多被切字與反切下字的開合不符，而且多出現在唇音和牙喉音，這個現象你怎麼解釋？開合口的對立分化怎麼樣產生的？

答：我很簡單地回答這個問題。開合口的對立怎麼產生的？因爲語言裡頭有。譬如說，"剛"跟"光"就是一開一合。那麼語言有這種對比的它就有，原來可能沒有的開合口怎麼來的呢？這是語言演變的結果。要照李先生的辦法，上古音中他有 kw-、khw-、gw-等聲母。你們研究上古音的人，如果你仔細看一看上古音的整個的結構，之部、幽部它的結構凡是有對立的部分，極大部分是在舌根音跟喉音的部分,在脣音跟舌齒音的部分很少很少對立。有開口就沒有合口,脣音字有合口就沒有開口。所以那個部位恐怕可以認爲它只有一套。舌齒音的部分,開合口的對立很少,只有歌、祭、元三個部。所以在那裡,李方桂先生的擬測有 an 跟 uan 的區別。但是極大部分都是在合口,你看,各韻部的舌根音,一開一合、一開一合,所以他擬了兩套聲母。那麼圓脣舌根音後來可能變合口。所以開合口的來源,主要在脣音跟牙喉音是對的,因爲脣音的部分它不分,到了中古的時候我們可以看,它有開口,就沒有合口。尤其在韻圖裡頭,有合口的,就沒有開口的。所以它的對立分化是由於一個歷史的原因產生,而可能到了那個時候,根本就是有了。

至於被切字與反切下字的開合不符,則是由於上字合口介音的干擾而起。這個現象大致如此解釋,好不好?

四、聲調問題

問:上次您說在《切韻》裡平聲字比較多,是因爲平聲最"自然"。那麼,在《切韻》兩個音系(鄴下音系和金陵音系)裡平聲的調值(或調型)是什麼樣的?

答:這個問題,我沒有辦法完全答覆。因爲北方的調值我做過研究,南方的調值我沒有做過直接的研究。但是都是四個調。對於調值的情形,我想到第七講講聲調演變的時候我會提出來。(參看《音韻學講義》第七講。)假如你們有我的論文集的話,你們可以看其中若干篇文章,尤其是《平仄新考》那篇文章,我談到了調值。可是在寫《平仄新考》的時候,我還沒有兩分的觀念,那個時候根本沒有想到兩種調值的問題。而且所用的資料大概都是北方的。南方的調值怎麼做?也許得要靠擬測。擬測那真是困難重重。以後我們到第七講的時候再講。所以我現在不知道鄴下和金陵音系的調值是怎麼樣的。我相信鄴下,大概跟我已經做的《平仄新考》裡的結論相近,但是金陵的調值現在完全不知道。

* * *

問：平上去入的劃分是違反邏輯的，因為沒有堅持同一標準，平、上、去是根據音高變化劃分出來的，入是根據韻尾和緩促劃分出來的，這樣就等同把"人"劃分為"男人、女人、老年人"一樣，是違反邏輯的劃分，您的看法如何？

答：我想想。假如平、上、去是舒聲調，就是依音高劃分出來的。說音高不完全對，因為可能還有調型，對不對？假如說平、上、去是舒，入聲是促。你可以這麼說，說這裡的邏輯有點問題。為什麼呢？因為入聲並不是按照調型、音高來分的，只是因為它特別短。你可以這麼說。可是當我們看這個問題的時候，可能有另外一個面，譬如說，你問我：如皋方言有幾個調？我說：六個調，亨 həŋ 11、痕 hən 35、狠 hən 424、囗 hən 44、黑 hə? 44、核 hə? 35，我一點都沒有覺得六個調違反邏輯。這個是你對聲調認知的問題。這個地方，混雜著調型跟音高跟短促，它是混在一起的。入聲只是一個不同的調，它不同在哪裡？短促，但也有高低。你要說它違反邏輯，你也可以這麼說，假如你要用一條邏輯來作標準的話。可是問題是別人的認知不都是一條邏輯啊。我們當然不能把"男人""女人""老人"擱在一起，因為其中的邏輯標準不一樣。但是對人的區別跟對聲調的區別，認知的觀念不大一樣的。是不是說平、上、去、入違反邏輯的劃分？你可以這麼說。但是我們的認知不是那麼邏輯的。

* * *

問：古人是否有"平本位"的觀念，即他們認為平聲押韻是主流的、正常的，而把非平聲的上、去、入全部歸入仄聲。這與中國古代追求"平和""中庸"的文化觀念相一致。在政治生活中有"官本位"的觀念，在聲韻裡肯定有一個"平本位"的觀念在支配著，不然為什麼把上、去、入全部歸入仄聲，並且"仄"字含有貶義。總之，平仄有主次之分，平仄的地位不平等。

答：這個想法我覺得可能想得太多了一點。是不是有"平本位"的觀念，我不知道。認爲平聲押韻是主流，那是因爲平聲字多，同時平聲可以拉長。你讀押平聲韻的詩，平聲韻腳容易拉長。仄聲韻它就不能拉長，相對地比較短。古人把非平聲的上、去、入歸入仄聲，並不一定是因爲押韻的關係，而是調型平與非平的問題。這跟"中國古代追求'平和''中庸'的文化觀念"雖然是一致的，但是兩者是不是有關係？我覺得一個是詩人的感覺，一個是哲學上的推理。你說：我押平聲韻的時候因爲我追求平和，我不完全相信。

"在政治生活中有'官本位'的觀念，在聲韻裡肯定有一個'平本位'的觀念在支配著，不然爲什麼把上、去、入全部歸入仄聲，並且'仄'字含有貶義。總之，平仄有主次之分，平仄的地位不平等。"

"平仄的地位不平等"是對的。爲什麼把上、去、入歸入仄聲？我的意思，平聲是一個平調，上、去、入是一個非平的調。平調和非平調的對比才構成平仄。是不是有"平聲本位"的觀念，真是難講。我一再說平聲字多，因爲它比較自然，這個是不是形成本位的觀念，我不敢講。但是，人們覺得平聲好唸、自然、字多、好押韻，是不是拿這個本位的觀念支配平仄觀念？我不大相信。我想"平本位"的觀念很難形成。你找一個普通人，你問問他，他連聲調都分別不了，他有什麼"平本位"的觀念啊？做詩、讀書的人才專門來研究平仄，這個時候他們才發現，有些字好唸又可以拉長，這個完全是音韻上的區別。我不相信是哲學上的問題，跟他的追求平和有什麼關係，也不相信跟"官本位"的觀念有何關聯。

＊　　　　＊　　　　＊

問：借用您的口氣說一句話，平聲字多是因爲平調好發音，那麼說實話，我一點都不相信。《切韻序》中說："梁益則平聲似去"。我覺得如果梁益方言的平聲字，即平聲音節跟《切韻》相差不大，那麼不大他爲什麼說"平聲似去"呢？可見梁益方言的平聲調值跟《切韻》音系的平聲調值應該有很大差別，這是對的。平聲字多可能只是歷史演變中的一個偶然現象，不一定與調值有多大關係。

您如何說服我？

答：我一個最簡單的辦法就是不說服你，各自相信自己的理論。我的問題原來是說《切韻》當中爲什麼平聲字這麼多？我說《切韻》平聲多可能是因爲平聲最容易發，因爲它是個平調，所以它才多。這話有一個隱含的意思，就是可能有從前別的調的字變到平聲去。那麼變的方向，今人陳重瑜研究得最多，就是新加坡大學的陳重瑜。上次我舉過的例子不是嗎？普通話"危險"的"危"讀陰平的55，不讀陽平的35，"微風"的"微"也說55，不說35。這些字都往陰平聲走。可是爲什麼會這麼走？我的解釋是因爲陰平這個聲音是個平的調，雙音節的字，在一起，你不要說35的"危"，用不著那麼費力地說35的"微"，改讀55調就好了。所以，我就是說改變的方向啊，有變平調的趨勢。所以可能早先語言當中，也覺得平調是個自然的調值。

至於《切韻序》裡頭的話呢，第一，《切韻》的平聲已經形成在那裡了，跟平聲字多不多其實沒關係。《切韻序》裡頭說"梁益則平聲似去"，是一個當時的描寫。在這些人當中，他們感覺到，梁益方言的平聲，讀得像鄴下金陵的去聲。梁益方言的平聲調值與他們的去聲調值類似，這個沒問題。就是梁益那邊的人，他們平聲已經唸得不一樣，好比說，平的調唸一個降調。那麼這個材料你不能應用回頭反過來說，可見你這個《切韻》平聲平調的說法不對的。這個只是當時的一個方言現象。從《悉曇藏》裡的資料看來，我推測的就是認爲《切韻》當時的平聲是一個平調。不大能夠用方言來反駁這個事情，而且那個時候平聲字早已存在。到現在爲止，平聲變得稀奇古怪，各種調型都可能有。不能用現代方言的不同調型來說平聲不是一個平調，這個不能夠，因爲我有文獻的證據。同時還有古吳語方言的證據。我曾經做過一個吳語聲調的推測，陰平、陽平原來就都是來自於平調。我想平聲是一個平調這個不容易推翻。

"平聲字多可能只是歷史演變中的一個偶然現象"，我承認啊，我承認我並不反對它是一個偶然現象。我只是說偶然的原因，可能由於平聲是一個平的調，所以它會往這個方向走。不一定跟調值有多大關係,也可能,我不敢說一定跟調值有關係。我目前的解釋是說,平聲可能因為它是平的調,歷史演變的結果,所以平調字特別多。假如你不相信,那麼你給我個解釋,只要說得很有道理,我可能覺得你說得對也不一定。我並不堅持我的看法,所以我不想說服你。

＊　　　　　＊　　　　　＊

問:丁先生,我還是想問您有一次課上我提出的問題,就是您說平聲字多。我當時的意思可能沒表達清楚,我是說"梁益則平聲似去",如果您說《切韻》平聲字多是因為它好發,但梁益的平聲音值不一樣,可梁益的平聲字也應該是多的呀。我當時說的"歷史演變的偶然"是這個意思。

答:你的問題沒錯。請各位要注意,關於平聲為什麼字多,我說這是我心中的一個問題,我擱了好久才了解到可能這個平聲是最自然的一個音,所以它多。至於什麼時候平聲字的整類已經成型,我想漢代,至少漢代沒有問題。因為上古到現代的平聲字幾乎沒有什麼改變,只是有些現代的去聲字上古跟平聲押韻,平聲字的數目,在我的了解上,基本上沒有大的變化。所以當平聲字平調已經成型了以後,它的聲調再變降啊,或者變上升的調,這個沒有關係了,因為平聲字已經成為一類,字已經很多了。譬如說我們現在平聲"危"讀入陰平,我推測原因可能是平聲是個平的調。假如說平聲是個降調,我們就得解釋,恐怕語言當中降調可能是個最自然的。我會從這個方向想,只是對平聲字多解釋的一個原因,這是我的一個想法,未必對,我不敢說我這個推想對。可是問題是你怎麼解釋這個現象。

鄭錦全先生他們用電腦統計了很多的方言,他們統計的結果,全部方言點的聲調中出現最多的是降調。可是我的看法不同。為什麼呢?他只就當時現有的資料來做的,官話多得不得了。為什麼呢?因為雲南的方言啦、湖北的方言啦都已經出版,同一個省裡面有幾十個方言,幾十個方言也許人家只有一個共同的聲調調型。

你取樣取了若干個,雲南方言就有六十一個縣吧?可是這是西南官話,去聲假如都是降調的話,那降調當然多了嘛。所以我認爲根據這個資料降調多並不代表什麼意義。

我的這個說法也不一定是金科玉律,一定對的東西。你的問題對,可是問題是說平聲字在成型的時候,已經很多了,它後來的調變就沒有關係了。而且還有一個道理,你曉得嗎?平聲字,如果它跟上、去、入比的話,入聲多一個韻尾,後面有個塞音。如果我們要假定上聲有個韻尾,去聲有個韻尾,假如我們採用這個觀念的話,那麼平聲絕對是最自然的,因爲後面什麼都沒有。假如我們不採用這個觀念,那就是我說的平聲恐怕是個平的調,比其他的要自然一點。這個只是一個推想,我也不敢講這個推想對不對。我只是當時覺得奇怪,爲什麼平聲字那麼多呢?爲什麼?不能了解。我現在賦予一個意義,解釋一下說它可能是最自然的音,因爲它平的關係。

我曾經跟各位講過唱歌或者吟詩的時候,常常把不同的調唱成平的調,因爲要拉長的關係。這個現象很奇怪,就是很多慢的拍子都是拉長的,他把所有的調都唱成平調。當然你可以說這個是個曲調的問題,不是個字調的問題。吟詩的時候,原來陽平字是個上升調,一到吟詩的時候,因爲他要拉長嘛,就變成平調了。所以我總覺得平調是比較自然,我總是這麼想。最近沒有再看陳重瑜的研究,統計得怎麼樣,我也記不得。我常常講這個,現在的普通話究竟有多少個字從別的地方變成陰平調。"微風""危險","微風"唸成 wēi fēng 以後,跟一個人很"威風"是不是變同音了?我的感覺就是變陰平的多。爲什麼變陰平的多呢?我想講話的時候容易。wēi fēng 比 wéi fēng 少費點力,wéi fēng 要往上升嘛。可是這種話,都不是那麼肯定的東西。假如我們要研究這種現象,就要看其他的方言,下江官話、西南官話,是不是有些字也變,也果然是向一個平調走的。假如它的去聲是平調,是不是很多字變去聲?這就是一個比較科學的研究了。可是我沒有研究,這話我不能說。所以那天你的問題現在我補充了,我想這個意思大概是清楚的。

＊　　　　　＊　　　　　＊

問：剛才您談到關於平聲字的問題，一開始我也想說。很多字變到陰平裡去，這好像是北京方言的特點，我不知道河北的怎麼樣。我講的是下江官話，那個地方"微風""危險"都還唸陽平。我到北京來以後，例如"估計"，剛開始的時候唸 gǔ jì，別的同學都笑我，說怎麼能唸成 gǔ jì 呢？應該是 gū jì。就是說在我們那兒是個上聲字，到這兒就變成陰平字了。這是不是北京方言一個特殊的現象？

答：對於你的問題，我開頭時等於已經講了，沒有講清楚。我是江蘇如皋人，所以你跟我講"估計"gǔ jì、"危險"wéi xiǎn 的話，我一點都不會笑你，因為正好我也是這麼講的。我剛才是說，北京話其他調的字，尤其是陽平調的字變入陰平，假如要推測它向 55 這種平調走，是一個趨勢的話，那麼我們就要看所有其他的方言，包括你所講的河北的方言，這些方言裡頭是不是也有這個現象，是不是也是向平調的方向走。我是這個意思。現在我沒有做這個研究，我不敢講。

至於你說的下江官話不是如此，一點都不錯。我的土話"微風"的"微"、"危險"的"危"是陽平；"估計"的"估"，我也讀上聲。而且我最不喜歡聽人家講什麼"zhàng 價"，可惜這個不是陰平字。我是講"zhǎng 價"。"吃漲了"的"漲"是 zhàng。一個 zhǎng，一個 zhàng，四聲別義。我現在聽人講"zhàng 價"，我聽了覺得刺耳，馬上我就要糾正他，我說該是"zhǎng 價"。做老師做慣了以後，就有這個壞處，一聽人家說錯什麼，就要糾正人家。可是我現在聽好多人講"zhàng 價"，沒辦法，改不勝改。

你講的那個問題是不錯的，我們是不是有人觀察近來的音變，譬如說一個字有兩讀，是新近的變讀。那麼這兩讀的方向是什麼？這個是王士元先生詞彙擴散的辦法，就是想原來這個音這麼讀，讀 A，當中有個時候 A、B 兩種讀法，後來就變成一個 B。我想現在是不是老北京還找得到有人說"微風"wéi fēng、"危險"wéi xiǎn 的，也許還找得到。但是普通的北京人就都說 wēi fēng、wēi xiǎn 了。

可是有些字它並不變,是不是?"圍城"不會說成 wēi chéng,不會吧?是不是回答你的問題了?

＊　　　＊　　　＊

問:您覺得用上古不同聲調輔音韻尾來解釋平聲字多,可行嗎?

答:用上古不同聲調輔音韻尾來解釋平聲字多,我不太瞭解這個問題的重點啊。我是說,中古的平聲字為什麼這麼多?因為它是一個最自然的音節,所以有些不同的調也許會變到這個調去。能不能用輔音韻尾來解釋?恐怕不行。某種輔音韻尾就變平聲嗎?我覺得這可能有點困難。因為平聲的輔音韻尾有不同種,而且,不要忘記,在平聲裡頭有許多是陽聲字,具有鼻音韻尾,所以我覺得把調單獨拿開來看比較好。

＊　　　＊　　　＊

問:日僧了尊《悉曇輪略圖抄》卷一"八聲事":
　　平聲重,初後俱低;平聲輕,初昂後低。
　　上聲重,初低後昂;上聲輕,初後俱昂。
　　去聲重,初低後偃;去聲輕,初昂後偃。
　　入聲重,初後俱低;入聲輕,初後俱昂。
吳宗濟《試論漢語的聲調和節奏》認為這個材料反映了唐代長安音的四個聲調各分輕重兩類,成為八聲。您認為是音位性的還是語音性的?

答:我的書裡頭好像也用了這個資料,論文集(丁邦新 1998)80頁資料二,日本了尊《悉曇論略圖抄》《私頌》云:平聲重,初後俱低,平聲初昂後低",一樣。請看我這段話啊,我是說:"這段話明白指出八種聲調的調值,我們可以肯定在公元 1287 年(請注意這個時代啊,1287 年)之前漢語中已經有一個方言從四個聲調分化為八個聲調,它們的调型是:陰平是降調,陽平是低平調,陰上是高平調,陽上是升調,陰去是高降調,陽上是低降調,陰入是高平調,陽入是低平調。"所以,吳宗濟先生認爲這個反映了唐代的東西,我有點不敢用,因爲這個是 1287 年的,離開唐代至少是三百年了,至少三百年。我不敢講這個資料就代表唐代的聲調。

那麼,是不是語音性的?你看啊,它陰去是高降,陽去是低降,陰入是高平,陽入是低平,這個可能是語音性的;可是陰平已經是降調,陽平是平調,陰上已經是高平調,陽上已經是升調,這個看樣子,不止是語音性的,對不對?我可以把這陰平、陽平的再唸一遍,"平聲重,初後俱低",前面後面都低,所以我說它是低平調。"平聲輕"呢,是"初昂後低",所以這是個降調。我想降調、低平調如果說是語音性的,好像不大好講。

* * *

問:我的問題是關於四聲八調的。我看您的那篇關於古吳語的聲調問題的文章(丁邦新 1984)。這次我們去做方言調查,調查的是常熟方言,我們看到的現象是這樣的:它的陰平調是 51,陰上是 44,陰去調是 324,大概是這樣子。有八個調。我們發現單字音相當不穩定,發音人在唸單字的時候,單字調不穩定,特別是在唸陰聲,她可以三個調都唸到。當時我們確定單字調的時候是很痛苦的。我們根據古音條件,如果她唸出了符合古音條件的調,就記這個調;如果沒有,就記她第一次唸的調。其實常熟方言的單字調很不穩定。我們看到它變調的時候,有一個中和的現象,凡是陰調和陰調相加,都有一個變調是 44+21,凡是陽調和陽調相加,都有一個中和調是 13+21。當時我們就想本調和變調的關係。我當時的理解,因爲它是四聲八個調,吳語本身還有清濁的區別,就是陰平字和陽平字有兩套區別特徵,一套是聲母的清濁,一套是調值的高低。在變調的時候,發音人就可以不考慮其中一套,把它當作羨餘特徵,只看清濁就可以把它分開了。由此我就想到,先生用變調來推測古吳語,是否能夠反映古吳語的現象?您舉到的銀川方言,可以從變調推測古方言的情況。但是,我覺得它跟常熟方言的情況是不一樣的，因爲它只有三個調，有了合併，就有分化條件。但常熟方言本來就有八個調，很難說八個怎麼變成八個，或者八個怎麼怎麼從四個變來的。

答：我先告訴你一個辦法，定單字調有一個辦法，你先弄清楚它的變調是前字變調還是後字變調。如果它只是前字變調，後字不變調的話，你問他"大山"怎麼說，得到的就是"山"的本調。你要單獨問他"山"怎麼說，他腦筋裡也許想的是"山頂"，也許想的是"山水"，他告訴你的就有可能一會兒是山頂的山，一會兒是山水的山，一會兒是大山的山。因爲不知道他腦筋裡會想什麼，但他沒有想到一個單獨的"山"。你曉得吧？你要搞清楚它是前字變調還是後字變調。如果它是後面變調，那麼你就找一個該字在前面的詞，用這個辦法定它的本調，比較容易。

常熟是一個比較保守的方言。到現在爲止，它跟蘇州這兩個地方都是保留捲舌音的，就是照三聲母保留捲舌音。如果它有八個調，我的問題是，究竟單唸的調是它的原始的調呢，還是變調是它的原始的調？我做吳語那篇文章的時候，到最後做了一個測試。假如用本調的話，它的情形怎麼樣；假如用變調的話，它的情形又是怎麼樣。其中一個對我有利的地方是：好多地方單唸的調不一樣，但是變調常常一樣。這個是我的一個根據，如果說常熟也這麼變，跟其他地方一樣。都是放在前面的變調就變成44。這個對我來講比較有利，因爲本來單唸的調，稀奇古怪，各式各樣，可是到了變調的時候，走的方向相當一致。

如果它本來就是八個調，要找基調無可著手，沒有一個好的路向走，該怎麼辦？假如說要研究吳語的話，我想要看看其他的地方怎麼辦法，做一個整體的考慮。你說的常熟變調的路向，該怎麼處理也很難說。可是，如果平聲是個51，它的變調是44+21的話，我覺得變調是本調的可能性大得很。這個當然有我個人的偏見在裡頭，因爲我總是想平聲是個平調。如果它的變調是個平調，這個正合我意，當然推出來的基調很可能是古語的原調。你說銀川情形跟它不一樣，跟你講的常熟可能不一樣，因爲常熟本來就是八個調。可是它跟蘇州的情形是接近的。銀川單唸調爲三個、變調是四個的時候,你非從變調裡頭推出早先的調來不可,但是不一定有合併就有分化的條件。當蘇州是七個調的時候,你只能從陽去裡頭找出陽上的調值來,才能是八個調。所以我才說它有一個基調存在。常熟的情形要看整個變調的方向,有沒有什麼趨勢,也要把其他方言的資料放在一起,才能來看古語的情況。

* * *

問:今天我看您在《平仄新考》裡引用了一些日本悉曇學的一些資料,比如說明覺、了尊的。但是他們這些資料都寫的比較晚了,了尊是1287年,明覺是1773年,這些時代已經是比較晚的了。我曾經看過一份資料,也是悉曇學的一個材料,它裡面在提到漢語聲調的時候,它提到有十六種聲調,就是說平、上、去、入,每一種各分輕重,輕重之中又各分輕重。比如說,平聲有平聲輕中輕,輕中重;平聲重中輕,重中重。這樣一算的話,就有十六種聲調。和現代方言對照的話,我很難想像歷史上曾經有一個方言有十六種聲調,所以,它很可能只是一種理論上的猜想,而不一定是一個語言事實的描寫。那麼,在引用這些悉曇學資料的時候,是不是應該慎重一些?

答:很好。前面的那個部分呢,我在用這個資料的時候,不是我的文章的主體。在《平仄新考》裡頭討論主題時我沒有用,包括1287年、1773年的那兩條資料,我沒有用。只是放在文章後頭,表示我還看到了這個資料。因為我既然看到這個資料,不能不說一下。我並沒有用它作為主體,推測平仄究竟是什麼調值。所以對前面這一點,正如剛才發問的同學說,吳宗濟先生用這個資料代表唐代的音我就不敢說。

至於你說十六調的問題,台灣有一個金周生,他就是說那個時候有十六個調。他說十六個調的時候我就不贊成,因為我不相信有十六個調。當時他的根據是《韻鏡》上面的話。《韻鏡·序例》說"人皆知一字紐四聲,而不知有十六聲存焉"這個話。我認為這個"十六聲"的"聲"啊,不是聲調,而是音節,是不同的音節。因為我難以相信早先有十六個調的方言存在。而這個方言到現在，變得一點痕跡都沒有。

那麼，是不是有重中重、重中輕這個東西，我們不大敢解釋說，這個究竟指的是聲調呢還是指的別的東西。可能平聲輕裡面還有重中重、重中輕，譬如說，可能當時這個重中重啊，說的是平聲裡面的某一種音，韻母的關係。那麼重中輕可能又是另外一種。

這個重中輕的問題我都沒有碰它，因為羅常培先生早年曾做過這個研究。對輕重啊，對清濁啦，早些年我自己沒有研究它。我覺得同樣的問題再三地去做，不見得能夠有什麼新的發現，所以我根本從來沒有下過功夫。但是我相信，這個資料是不是真正代表十六個調，我表示懷疑。

金周生後來還有別的文章反駁我的看法，他是覺得還是有十六個聲調。從字面上講，他的解釋並不是完全沒有道理，不是。但是我不相信。這是對古書的一個根據，看你怎麼樣解釋它，而這個解釋有兩種可能。我不採取，並不是說人家一定錯，並不是。所以後來我就不再說了。

至於你剛才說的，我們用這個資料，是不是應該小心？絕對應該。在我《平仄新考》裡頭，我用《悉曇藏》做什麼呢？用它推長短，用它推測四個聲調本來的調值。那麼在這個過程當中啊，我不覺得我用的資料有可以推翻的地方。假如你發現你可以告訴我，你這個裡頭有一個資料用錯了，那也可能。但是基本上我是很有限度地用《悉曇藏》來推測早先平仄的情形，我不相信我這裡面資料有錯的地方。但是，即使你找到一個錯，大概也不能推翻我整個的理論，大概如此答覆你好不好？

至於十六聲的問題，我跟你意見一樣，我不大相信有這個東西。但是頗有人相信。理由很簡單，我們既然分清、次清，濁、次濁，次濁既然可以變濁，可見次濁跟濁原來就有一點不同。那麼清、次清照現在的說法又有可能分調的話，那麼清、次清、濁、次濁又有四個調類，不就是十六個聲調嗎。我不相信的道理也很簡單，第一，我們是不是果然有這麼一個十六調的方言，這是理論上的一個懷疑。你要說他是語音性的，我一點意見都沒有。我根本都沒辦法說，因為連當事人都沒辦法區別出來這麼一個語音性的系統。

那你說有那麼一個東西,那我不反對,我不去爭論。問題如果是音位性的,我不相信。因為從《切韻》以下記錄的那麼多資料,中國的文獻沒有一個顯示一點點痕跡,這是超乎常情的。連吳江的十二個調都被沈鍾偉否決掉了,說是沒有。你現在要我相信,我們有一個十六調的方言,真是困難。這個說法可能是從陳澧的理論發展而來的。陳澧是個廣東人。所以他開始分析反切的時候,他就說上字管它的聲母,下字管它的韻母及聲調。這個意思就是說,清濁就是兩類。照杜其容先生的意思,那個四聲就是八個調。那麼這個金周生就更進一步,說八調就是十六個調。從這麼一個角度來看問題,至少我不敢相信。

*　　　　　*　　　　　*

問:您以前講的中古漢語四個聲調的問題。您說如果別人說有八個調,如果只是調值差異的話,您不會跟他們去計較。我就是在做方言調查的時候,老師說,即便吳方言有八個調,你把它處理成四個調也沒有問題。因為它根據聲母的清濁的話,也就是說能排除掉。如果是濁音的話,肯定是個陽調;清聲母的話,一定是陰調。所以我覺得您剛才說不跟他們爭論,其實這中間可能有點含混。

答:對!是我不願意爭論。四聲八調,四個聲實際上由於清濁的不同而有八個調,是個語音性的東西,不是音位性的東西。每兩個調,陰平陽平或陰上陽上,沒有分之前,清聲母的平聲跟濁聲母的平聲就已經有一點不同。我的問題是說,發音的人在當時有沒有發現這個東西?如果沒有,那就沒有必要分八個調,因為非音位性的,語音性的東西,當地人不一定知道。我那天不是講,你要問一個美國人,peak 跟 speak 中的 p 有什麼不同?他說:"沒有什麼不同。"因為他不覺得有不同。在發音人沒有覺得它有不同的狀況之下,我不計較,我可能承認語音性的差別是有的。等到清濁聲母發生變化以後,就產生了八個調。

再問：但是沒法進行對比，就是說它的環境是互補的，你沒法找一個對比項，讓它進行對比。

再答：當濁音消失以後，它就有了對比了。你剛才講的八個調的情形，跟我講的有一點點不同。爲什麼呢？因爲在《切韻》的時候你找不到一個陰平、陽平的對比，因爲它是語音性的。可是現在的方言八個調當中，你雖然可以處理成四個調，可是它可能有一個對比在裡面。那個對比是說，除掉聲調以外，它還有清濁的不同。而且現在最大的一個問題，是當你變成八個調以後，現在同一聲的兩個調調型可能不同了。原來好比說兩個平、兩個降、兩個升，這個是語音性的。可是現在它可能陰平是這個樣子，而陽平是另外一個調型，調型已經不同了。我的感覺，不純粹是語音性的了。你要問一個人說，陰平、陽平你發給我看。他告訴你 tian 55、dian 35。你雖然可以處理說 dian 35 的濁聲母使得調變成什麼樣，可是發音人會覺得不一樣。他說的不一樣只是聲調的不同呢，還是連聲母清濁一起算在裡頭的不同呢？很難講！我覺得這個跟我說的四聲八調並不相同。我的意思很簡單，就是如果是語音性的，我不跟你爭論，沒有什麼關係嘛。我們現在對語音性的東西好多都不知道。我們怎麼知道上古連讀變化是怎麼回事，我們也不知道。有很多東西有兩個讀法，一會兒這樣，一會兒那樣。比如說普通話，本來應該說"糊塗 thu 22"，可是他可以說"糊塗 tu 22"，thu 跟 tu 不分嗎？不是，"土 thu 214"跟"賭 tu 214"分得很清楚。只是在這個詞裡面，因爲雙音節的關係，後字輕聲，"糊 thu 22"跟"糊 tu 22"是一樣的，因爲沒有另外一個字跟它是衝突的，沒有對比。好了。這個時候，產生的問題是說，有個別的現象是語音性的。這個對我來講，聲調如果是語音性的，我不辯論。我的意思在這裡，好不好？

第四章　近代音

一、宋代的舌尖音

問：上次課講止攝開口精系字改入一等，表明舌尖元音在宋代產生。問題是舌尖元音 ɿ 的開口度很小，甚至小於 i，古人爲何把 ɿ 放在一等？這跟一等洪大的通則好像很矛盾。

答：止攝開口精系字改入一等，表明舌尖元音在宋代產生，這個大概是個事實。就是基本上把原來的四等精系的字挪到一等去，猜想大概這個時候已經產生了舌尖元音。另外有許世瑛先生的研究，在朱熹的口語裡頭，舌尖元音已經產生。"問題是舌尖元音 ɿ 開口度很小，甚至小於 i，古人爲何把 ɿ 放在一等？"這個我不能代古人回答。這裡有一點難處，在哪裡呢？因爲基本上我們所觀察到的是一個等第的轉換，就是從四等變到一等去。至於爲什麽把它放到一等，是不是它的開口度很小，還是怎麼樣，不清楚。我們不知道古人爲什麼把 ɿ 放在一等，我們所知道的就是古人覺得四等精系字已經不是四等字。

"這跟一等洪大的通則好像很矛盾。"請注意，"一等洪大"是清朝人提出來的。"一等洪大"是不是一個通則，可能各人有不同的看法。清朝人怎麼知道"一等洪大"呢？大概是江永吧，他的看法是這樣。可是一等是不是一定洪大？譬如說東韻的"東"洪大不洪大？oŋ 可能說洪大，uŋ 是不是洪大，這個很難講。所以"一等洪大"是不是能夠算一個通則還是問題。

現在我們大致按照這個說,一二等的一類,三四等的一類。三等細,四等尤細。"細、尤細"這個話也還要考慮一下,"細"是指什麼?我們現在擬測認爲三四等可能有介音,還有人認爲四等沒有介音。所以所謂的"通則"不是簡簡單單就可以接受的。假如"一等洪大"不是一個絕對的真理的話,舌尖元音 ı 放在一等就沒有什麼矛盾。基本上從四等的精系字改到一等,如果從兩頭來看,大概它就是變成 ı 了。以前有人推測它是直接變成舌尖元音了,是不是直接變成這個音,我不敢講,我自己沒有做過研究。但是肯定前面精系四等字或者有 i 元音,現在挪到一等的字是舌尖元音。想像那個時候大概 ı 已經產生了。是不是有過渡的情形?我不知道。目前想像的情形是認爲那個時候已經變了。跟一等洪大的原則是不是衝突,我想不見得。因爲一方面我們不知道古人對舌尖音的想法怎麼樣,如果是個舌尖元音,他們也許覺得既不像 a 也不像 i,覺得這個東西應該放在一等吧。或者一等洪大這個原則根本有問題,我們不敢講這是一個通則,這只是清朝人的一個推測。

＊　　　　＊　　　　＊

　　問:舌尖母音什麼時候開始被列爲開口一等韻的?《康熙字典》前面所引的韻圖《等韻切音指南》將之脂等列爲一等開口,是否還有更早的例子?

　　答:一定更早。我們不是講了嗎? 就是《切韻指掌圖》把四等的精系的字改列成一等韻的時候,就顯示舌尖元音已經有了。所以《康熙字典》前面這個資料是後起的,的確能找到更早的根據,宋代的。

二、輕重的意義

　　問:鄭樵《七音略》的韻圖中有"輕中輕""輕中重""重中輕""重中重"的術語,您認爲這些術語是用來解釋聲母、介音還是韻?以上術語和韻圖中的四等有關係嗎?

答：你們知道羅常培先生有文章專門談這個問題，所以你最好是參考一下羅先生的文章中關於輕重的說法，我個人沒有做過研究。可是我想"輕中重""重中輕"大概指韻說的，像東韻，它可能是"重中重"還是什麼的。我對這類問題的興趣比較弱，因爲比較不喜歡做純文獻上的考據。因爲純文獻上的考據就變成一個皓首窮經的事，使音韻學變成一門死的學問，而且變成一個難得不得了的學問。趙元任先生有文章說清濁，羅先生有文章談輕重。當他們這麼做了以後，我就不再費事去做這個題目了，因爲它跟實際語言之間的距離實在是很難釐定。可能有的地方輕重指聲母，有的地方指韻。"重中重"那個名詞恐怕指韻。它跟"韻圖中的四等有關係嗎"？它跟韻圖的四等有沒有關係在於究竟它指的是什麼。如果它指的是三等韻，那麼它就與韻圖有關。如果不是指的三等韻，指的元音的開合或者什麼的，那麼它就跟韻圖沒有關係。這個我沒有辦法回答得很好。請看羅先生當時的說法。羅常培先生的論文集裡頭就有。

三、元代的資料

問：《中原音韻》有參考價值嗎？

答：《中原音韻》當然有參考價值。我們怎樣看待《中原音韻》？我們以往把《中原音韻》作爲一個近代音的代表。因爲，它實際上是按照當時那些名作曲家的作品歸納出來的韻書，實際上有人這麼押，它就這麼歸韻。但是，你不能想得太理想，歸韻也有問題。有人重新拿關漢卿的曲韻做歸納，結果跟《中原音韻》還是多多少少有一點出入。我個人對《中原音韻》稍微花過一點工夫，想過一些問題——那是在我做其他問題的時候發現的，今天我可以告訴你們。

最初我研究《中原音韻》是爲了要釐清一個觀念：聲音能不能代表感情？中國文學裡面常常有一個說法，說是在《中原音韻》的時候你要是唸東鍾韻的字，感覺就是沉雄的，所謂"東鍾沉雄，車遮淒咽"，要是押車遮韻的話呢，這首曲子就是悲傷的。我覺得這個說法不大合理。因爲，我是講如皋話的，我家鄉的車遮，是[tsha tsa]，"車遮"[tʃɤ tʃɤ]跟[tsha tsa]差得很遠。所以我不大相信當時寫曲子的人啊，會認爲哪一個韻代表哪一種意義。所以我就起了一個名稱，叫作"韻字示意說"，就是某一韻的字代表某一種意義，其實就是聲情說。押車遮韻的話，我就說車遮淒咽，這是否就是"韻字示意"呢？

　　從前我的老師，文學方面的，在我大學時他跟我講："你要做詩的話，先要選韻。選哪一韻的話，大致就代表什麼意思。"我開始也是這樣接受的，可是不久以後，我就不大相信。不大相信的原因，主要就是多了一個方言的角度來觀察。我想，難道我們真的可以從字音裡頭看得出某種意義嗎？所以我就想了一個辦法做研究。

　　《中原音韻》有十九個韻部，你要怎麼做這個研究？對於一個作家而言，他要車遮淒咽，要東鍾沉雄，或者要選哪一個韻，比如說歌戈，表示愉快的心理。要觀察他是否有這樣的想法的話，一定得要有相當多的作品。如果他只做了兩首，根本看不出來。所以我就下了個決心，把《全元散曲》全部的曲子都看一遍——因爲我不能做套曲，套曲它是一韻到底的，從頭到尾四折都是一個韻的。所以不能用，只能把散曲拿來做。

　　至於作者呢，我就看這一個人他作過多少散曲，太少了可能無法表示意義。所以，最少要二十首。所以我就拿《全元散曲》來看，拿二十首以上的作者來看。我當時只有一個簡單的想法：我就想如果這個人他用哪一個韻果然代表哪一個意義，那麼他作曲的心情如果是愉快的，就應該用愉快的韻；如果是悲傷的，應該用悲傷的韻，對不對？這才能夠顯示韻字的意義。我做完了以後，發現作品最多的是張可久，他有八百多首，基本上悲傷的多一點。

　　《全元散曲》看起來非常費事。早先做的時候啊，我是每一首都定一個大致的意義，譬如說，這個主題是"羈旅"，這個是"春遊"，這個是"懷古"，這個是幹什麼。等到做得差不多一半的時候啊，我就沒辦法做下去了。類別多得不得了，沒辦法統計啊。所以我最後基本上定爲三類：一類是悲，一類是喜，另外一類是非悲非喜。因爲作者不一定非要悲的時候才作一個曲子，或是喜的時候才作一個曲子。他沒有什麼悲喜情緒的時候偶爾也作個曲子啊。怎麼辦呢？所以我就把它分成三類。分成三類以後我就開始統計，大概有二十幾個人，多的有八百多首，少的至少也有二十首。我就把這些統統放在一個表裡頭來看，看看是不是在東鍾、江陽、齊微、支思這些不同的韻部裡頭果然韻字顯示某種情感的趨勢。我做的結果：沒有。我說沒有的意思啊，就是一半一半，悲喜都差不多，好比這個有五十首，那個有四十八首，不能顯示任何意義。可是當中有兩個韻部很奇怪；一個是車遮，——果然就是車遮。這個車遮啊，它悲傷的多；一個是歌戈，這個是歡喜的多。這個結果完全出乎我的意外，我原以為絕對不會有。因為從方言來看啊，絕對不可能，它現在居然真的顯示某種趨勢。車遮韻大概有百分之七十以上代表悲傷，歌戈韻也有大概百分之七十代表歡喜。

我想這個現象麻煩了。果然"車遮淒咽"，歌戈是表示愉快的心情。好，我就把這些作品仔細來看一看，結果才發現它是另外一個原因。這個原因是什麼呢？我們來看看車遮韻裡頭有些什麼字呢？是"血""絕""別""謝"這些字，你想想看，只要是"別"，它不可能愉快。當他難過的時候、他寫這首曲子的時候，因為主題是"離別"，一說"別"，其他文字就配合它，整個的車遮韻果然就淒咽了。可是這並不是因為這個韻的聲音淒咽，而是因為韻裡頭的字淒咽。懂我的意思吧？就是這個韻裡頭的字都是讓你難過的字，所以當然就淒咽嘍。因為不可能有一個愉快的分別嘛。好，歌戈韻呢，有"歌、活"等字。其他我記不清，這個"活"我記得最清楚。因為曲子裡常常說"大快活"或是"閒快活"，就是愉快的意思。另外一個字是歌戈韻的"歌"，在唱歌的時候總是比較快活，悲歌的時候總是比較少。所以歌戈韻的曲子歡喜的多也是因為某些個韻字的關係。

而且我發現一個現象，就是基本上，當時的曲子它的主調是比較不愉快的，極大部分比較不愉快。什麼道理？因為元朝人在異族統治之下，這些作者都不高興，寫愉快的作品就少。所以我才發現張可久的作品悲傷的多也是這個原因。總之，"韻字示意"這個說法完全沒有道理。不能說某一韻的聲音代表某一個意義，這個話是不通的。

在這個過程當中，我發現很奇怪的一個現象：就是有兩個人專門做了二十首,每一首就跟《中原音韻》的韻部一樣。東鍾他做一首,江陽做一首,歌戈、家麻……一個韻做一首。可是他們做二十首,比《中原音韻》韻部多一首,有一個是支思多了一首,有一個是蕭豪多了一首。哎,我想這兩個人幹什麼呢?這就引起我的注意,完全是個意外的收穫,我完全沒想到啊。所以有的時候會在材料裡得到一些很愉快的想不到的結果。那他爲什麼要做二十首呢?《中原音韻》不是只有十九個韻部嗎?原來,他認爲《中原音韻》歸韻歸得不大好。他覺得某一韻部應該分成兩個,所以他才做了兩首。所以,我當時就寫了一篇文章討論這個問題。

　　回到原先那個問題。我們怎麼看待它?《中原音韻》這本書是絕對有價值的,可以看作從中古到近代的一個過渡的資料,作爲北方話重要的音韻學上的資料。等我講"從中古到現代"的時候,我會回到這個問題上來,看一看它的意義在哪裡。(參看《聲韻學講義》第五講。)

*　　　　　　*　　　　　　*

　　問:《中原音韻》的疑母字有的跟泥、娘母合,有的跟影、喻母合,還有 57 個小韻是獨立的,無論是甯忌浮先生,還是楊耐思先生都證明有 ŋ-,他們的方法不同,結論同。而您根據現代方言判斷這是周德清的方言現象,似乎證據不足。

　　答:有可能,這是看法的不一樣。我寫那篇文章發表的時候,甯忌浮先生寫的文章我沒看到,他的意思是覺得《中原音韻》的 ŋ- 還是應該存在。可是我並沒有放棄我的看法,最大的原因就是我那天跟大家講的,《中原音韻》本身不能顯示聲母。既然它不能顯示聲母的話,所有我們對於聲母方面的討論難免有個人主觀的看法在裡頭。這個地方說得很清楚:"有的跟泥、娘母合,有的跟影、喻母合,還有 57 個小韻是獨立的"。獨立的小韻並不代表它一定唸什麼,要有對比的小韻——譬如說一邊是影母,一邊是疑母——這種對比的小韻才管用。我那天所講的,董先生的研究大概有四個地方有對比。有兩個地方他說圈圈是多的;有一個地方圈圈是對的,可那是個"我"字。我覺得那些地方都可能有不同的解釋,只有一個地方真正對立。所以57個小韻並不代表疑母字獨立。它有的跟泥娘母合,有的跟影喻母合,咱們能不能夠説明它在什麽情況下合了,什麽情況它不合。大概我們可以説它跟一等字配合的時候,好像還有的樣子;三四等大概沒有了。假如疑母字的變化果然是有條件的分化,在一二等還保留 ŋ-,是有可能的,我並不否認。但是因爲從《中原音韻》本身看不出來這個關係,所以我猜想周德清有把他自己的方言放進去的可能。我在這裡增加了一個證據,就是周德清在書後面,他有一堆例字,告訴你這個字跟那個字對比。我從那裡看出來,他列舉了疑母字,但是沒有對比。詳細的例子我記不得,我得要翻書。周德清書的後頭有一個《正語作詞起例》裡面有語音對比,有482個字、241組對比。在這個裡頭,我看的結果就是覺得疑母跟它配的例字看不出來有一個 ŋ-存在。有七八個例子,我舉一個例子好不好?"年有妍",這個年是 n-,而"妍"是疑母字。表面上看起來好像是泥母與疑母相對。可是"妍"字在《中原音韻》中已經跟喻四的"延"、影母的"焉"同音,大概就沒有 ŋ-了。因爲它跟"焉、延、沿"同音。這裡可能表示説,"年"跟"妍"發音或者有相近相同的,並不同音。這個地方董先生的擬音(聲母)是 n 和 i。它是表示零聲母,不是表示 ŋ-。這樣的例子有六七個,有的比較複雜。我想假如你們有興趣,可以看我的文章。我在這裡討論了半天,後面的例子裡頭沒有一個可以站得住的。所以我才懷疑,還有幾個跟 ŋ-的對立的韻字是他把方言放進去的結果。甯先生批評我的時候,他説:我們怎麼能夠拿現在的方言推測離我們現在那麼遠的東西?六百年前的東西,你怎么能夠推?這話我沒有寫文章反駁,因爲我想學問本來是要討論的。但是我並不接受他的批評。因爲你要曉得,我的研究是説所有的江西話疑母都有一個鼻音的聲母,無論它是 ŋ-,是 n-,是什麽,都有這麼個聲母,換句話説它沒有變 j 的。如果這個方言在現代各個方言(由它分化出來的方言)都有一個鼻音聲母 ŋ-的話,我推到六百年前也有一個鼻音聲母,是絕對站得住腳的。並不因爲它現在讀音不同就站不住腳,因爲它每一個方言都有一個鼻音,所以我推上去也有一個鼻音,這個鼻音是什麽,你可以和我辯論,但是疑母字不是一個舌根鼻音是什麽呢？所以對於他的批評，我並不能夠坦然地接納。在這裡除掉對立的四個地方，有好些地方是可以解釋的。確確實實有對立的地方，可是問題是我們怎麼樣解釋這些對立，確實是《中原音韻》的裡頭還保存了疑母呢，還是周德清的方言保存了疑母？我認爲是周德清的方言。因爲，顯示疑母對立的小韻少得不得了，大部分的都改變了。我查後面疑母字的對比，總共有八個。可以看出周德清在特別舉語音對比的時候，疑母的一二等字、三四等字都已經失去 ŋ-聲母。所以我再回頭看，認爲少有的幾個清楚的對立恐怕不見得能夠表示 ŋ-確實在當時的方言存在。所以你要說我"根據現代方言判斷這是周德清的方言現象，似乎證據不足"，也可以說，因爲這個問題不是一個肯定的已經解決的問題。但是我同樣可以說：你要說《中原音韻》有疑母存在，而它只出現在極少的幾個韻母前面，這個事情對我來講比較不容易接受，因爲我看他自己舉的對比一點都沒有顯示。

*　　　　　*　　　　　*

問：忌浮先生《古今韻會舉要及相關的韻書》(1997)考證出《古今韻會舉要》裡與開口二等、四等以及部分開口三等相配的舌根音已經腭化，趙蔭棠《中原音韻研究》認爲《中原音韻》已有 tɕ、tɕh、ɕ。花登正宏《蒙古字韻ノート》認爲開口二等牙音已經舌面化。這些似乎可以看作文獻上見系腭化早於精系的證據。不知您對此有何看法。

答：他指出來三個資料。一個是《古今韻會舉要》。《古今韻會舉要》本身有一點困難，因爲兩位作者都是福建人，《舉要》可能代表南方音。最新的研究是台灣的竺家寧先生(1986)出的一本書，我翻過，但是我不記得詳細的內容。"與開口二等、四等以及部分開口三等相配的舌根音已經腭化"，如果是事實，研究《古今韻會舉要》的人都同意的話，那麼這個表示在那個時代已經有舌根音腭化的情形。"趙蔭棠認爲《中原音韻》已經有有 tɕ、tɕh、ɕ"。我不記得他作的結果確實是怎麼樣。可是那一天，我講《中原音韻》的時候曾經指出來,實際上《中原音韻》的 ts、tsh、s 跟 k、kh、x 還是分開的,它有 tɕ、tɕh、ɕ 是一回事,能不能算獨立的音位是另一回事。如果他認為 tɕ、tɕh、ɕ 是從見系來的,已經腭化,我想這是他個人的看法。楊耐思跟董先生好像都沒有這樣說。假如是的話,那麼這是一個很早期的現象。但是從目前看起來,好像看不出來。我那天印給大家的資料裡頭好像有說明。我說董先生舉的例字非常有意思。他把"看"跟"牽"、"干"跟"堅"都放在一起,表示見系字沒有分化。所以我想這恐怕是趙蔭棠個人的看法。我記得趙蔭棠的《中原音韻》的聲母好像比別人多出三個聲母來,大概多出 tɕ、tɕh、ɕ,他認為那個時候的舌根音可能接細音的時候,已經有腭化的現象,他大概是這麼認為的。"花登正宏《蒙古字韻ノート》認為開口二等牙音已經舌面化。"這個大概也是事實。可是我不太懂他最後的問題,這個問題是說:"這些似乎可以看作文獻上見系腭化早於精系的證據。"這怎麼能證明啊?你這裡給的三個資料都是講的舌根音怎麼樣變 tɕ、tɕh、ɕ,沒有一個資料是講精系的。我覺得這些地方既沒有談精系就沒有辦法談兩系的比較,只能夠說我們在資料上有這些現象。哦,意思大概是說,因為見系腭化很早了,所以就表示精系還沒有腭化,是不是這個意思?我想這個很難說,而且這個地方可能有的根據有點問題。《古今韻會舉要》能不能代表北方音?《中原音韻》可能有看法的問題。《蒙古字韻》也有這樣的問題。可是我不記得二等牙音舌面化這個事情。《蒙古字韻》的研究,到現在還有兩個新研究正在進行。前面的研究似乎表示《蒙古字韻》有相當一部分東西恐怕是書面語,就是說並不是當時的實錄——口語音的實錄。到目前,對《蒙古字韻》還有一些爭論,我記得好像其中一個問題就是入聲吧。因為從《中原音韻》看得出來入聲已經分化的現象,所謂"入派三聲"。似乎在《蒙古字韻》裡頭入聲還清清楚楚存在。所以有一些辯論,但是我最近沒有再看《蒙古字韻》的東西。對你這個問題來講,我是覺得,見系腭化是不是早於精系,從這樣的資料裡邊沒辦法很清楚地看出來。

那天下課以後,好像是李藍告訴我,說我舉了何大安研究雲南方言的例子。何大安的意見是見系腭化早於精系。李藍說有相反的例子,就是在雲南也還有相反的例子,有的是精系腭化早於見系。所以我就跟他講,既然如此的話,我們現在從資料上就沒有辦法看出來這兩者哪個早,哪個晚。

四、明清官話

問:您對元、明、清官話標準音的看法是什麼?

答:我只是看別人的研究,我自己並沒有想過這個問題,因爲官話這段歷史我沒有做。但是,我看魯國堯先生的文章,他最近有關官話的研究做得蠻多的,大概是認爲明代的官話可能是南京話,《西儒耳目資》代表的可能是南京話。元代的標準音是什麼?我們拿什麼東西講呢? 拿《蒙古字韻》嗎? 如果拿《蒙古字韻》,那是北方話。所以元、明、清的官話是不是性質相同? 恐怕不見得是。但是明代的官話恐怕是南京話。我相信,魯國堯先生他們都有這麼一個看法,我相信它可能對。這個我回答得不是很好,因爲我自己沒有在這方面做研究。

※　　　　　※　　　　　※

問:有人調查現代的閩方言,之脂支三韻的齒頭音讀[u]或者[y],廈門,"資、次、絲"等字讀[u],不讀[ɿ]舌尖前。爲什麼兩個舌尖母音都沒有?您以爲明朝末年南宋官話讀[ɿ]還是[u]?

答:這個問題我不好回答你,我覺得這裡面有一點混亂。他說閩方言[ɿ]是讀[u],或者讀[y],廈門的"資、次、絲"等字唸[u],不讀[ɿ]。"你以爲明朝末年南宋官話讀[ɿ]還是[u]?"我覺得有一點混淆啊。就是你談閩語時候忽然問我南宋官話什麼意思? 是認爲閩語跟南宋官話有關係嗎,還是什麼? 因爲在我的看法,閩方言我一直覺得是在漢代就分出去了。如果它在漢代就分出去了,南宋的時代就晚得很多了。假如南宋官話對閩語有影響的話,該是文言音,可能有影響。而且即使如此,我有點懷疑,這是比較早期的影響。

現在閩方言讀[u]讀[y]了,還有讀[i]的吧?好像沒有[y]。那麼這些字讀[u]不讀[ɿ],因爲閩語裡頭根本沒有[ɿ]這個東西啊。兩個舌尖母音都沒有,問我什麼原因。很難說,是自然的演變吧。那麼明朝末年南京官話是讀[ɿ]還是讀[u]呢?這個我不知道。你應該看過魯國堯先生對《西儒耳目資》是南京官話的看法,我相信魯先生這一點是說得對的,那個時候所謂的官話是南京官話,可能是明代的。《西儒耳目資》可能就是南京官話。至於當時的之脂支三韻讀法究竟是[ɿ]還是[u],我不敢說。我覺得這跟閩語之間好像不應該拉上關係。

*　　　　　*　　　　　*

問:您認爲清人入關對漢語影響不大。但是古代音韻兩次變化最大的時代分別發生在魏晉和元代,卻很可能是因爲北方民族入侵後對中原語音的影響。如果您不認爲是這樣,那麼您認爲促使這種大變化是什麼原因呢?統治者和京城話是否會對語音變化起到重要作用?

答:我從後面開始回答。統治者和京城話會起作用,但是不知道這個作用到什麼程度。我覺得清人入關對漢語音韻影響不大,我的根據是從十七世紀以來中國語音的演變,我看不出來受滿語的影響。各位要知道滿語跟漢語是兩種類型不同的語言。

至於"古代音韻兩次發生變化最大的時代分別發生在魏晉和元代,卻很可能是因爲北方民族入侵後對中原語音的影響",沒問題!正是因爲外族入侵才有大批的人民的遷徙,而由於人民的遷徙使得方言產生改變,但是不見得是由於阿爾泰語言對漢語的影響而產生的。

第五章　現代方言

一、文白異讀

問：您在《吳語中的閩語成分》中提到了文白異讀的問題，指出常有大部分的字是跟文讀音相同的，是否可以說明？文白的提法是否合適？

答：我說的文白讀音相同的意思就是說它的文言這麼讀，白話也這麼讀，並沒有一個文白的區別。北方話、普通話裡頭文白的分歧相對地比南部的、東南方言少得多。那麼，文白究竟是一個早期晚期的現象，或者有什麼樣別的關係。耿振生先生(2003)有一篇文章發表在《語言學論叢》裡，討論這個問題。他的看法正好跟李榮先生的看法相反。我說我們現在沒有文白區別的地方，就是當你說話跟你讀書的時候，發音可能一樣，所以我說大部分的字是文白讀是相同的。文言並不是讀書音，並不全是讀書音，根本就是在日常用語中使用的文言，只是語言學者的分析才有了文白讀，這種現象在方言裡大量存在。文白的提法是否合適？研究中如何去分析？這個是大題目，文白的研究是一個老的問題，而有新的意義，最主要的就是層次。它在不同的方言裡頭，表示的層次可能不一樣。所以我最近參加了兩個會，就是討論方言的歷史層次。

文白的提法是否合適？這個是個傳統的提法，如果你認為它不合適，你是否有新的名稱呢？我們說文白有區別，可能有白讀一、白讀二、文讀一、文讀二，可以分它好幾層。但是如果你不這麼稱呼，你怎麼稱呼呢？這個只是語言學者的分析，一點都不錯。語言當中什麼是文白,確實是語言學者的分析。但是,這個分析是不是對,是不是可以解釋語言當中好些現象?這個文白的問題,我下次也會提到。因爲我認爲在《切韻》中就有文白的問題。

二、方言分區的條件

問:方言分區中您主要考慮語音特徵,是否應該結合特徵詞、語法?如何結合?

答:這個問題問得好極了。我做方言分區的時候,語音的部分是比較能夠把握的。詞彙跟語法,在那個時候,還不容易把握,還沒有那麼多發表的東西。

能不能結合特徵詞?我也希望能夠結合,但是特徵詞真是困難。我曾經想過某一個方言某些字是特徵詞。比如說,我覺得閩南話的"鼎"——吃飯的鍋,是一個特徵詞。但別人就告訴我,在閩語的邊境,也有其他方言用"鼎"這個特徵詞。什麼東西是特徵詞?認定它以後是不是果然就有排外的作用?就是其他方言沒有,很難。李如龍先生近來做了好些研究,就是提倡有個方言的特徵詞。我並不反對,但是我覺得不容易做。在這個特徵詞的部分,我覺得你要有一個內部一致的條件,就是這個詞在內部所有的方言裡統統都這樣麼說,而在外部,相鄰的甲方言若也有的地方說,這個可能是詞彙的移借,而在遠一點的甲方言裡都沒有。那這個詞彙就容易決定。但是決定特徵詞這個事情,還是需要相當的時間。

能不能結合語法?當然可以。可是,我們可以瞭解,語音的分區,跟詞彙的分區,跟語法的分區可能不一致,因爲它的關係並不是完全平行的。可能在某一個方言區裡頭,語法現象一致。或者客家跟廣東話——粵語,它們的語法可能有一致性,我只是說可能啊,可能有一致性。可是,兩者語音上可能有區別。因爲語音改變的速度跟語法改變的速度並不一致。詞彙,我已經說過,變得尤其快,所以能不能夠結合這三者?我個人認爲應該結合,可是,結合有困難。以後當語法的情形瞭解得更多的時候我們是不是可以做到這一步?也許可以。

這是一個看了我的文章、看了我的書的人問的問題。我覺得語音特徵目前還是比較好把握的。比如說，吳語是有濁聲母的——這個話當然有點問題，湘語也有——那麼，假如我們說，吳語是有清音濁流的濁聲母的。同時吳語的是非問，"你去不去"就是"阿去"，這個是朱德熙先生的研究。"你去不去"，"阿去"，加個"阿"在前頭。因此，假如我說啊，當你的是非問句，用"阿去"這種問法的時候，加個"阿"說"阿去""阿來""阿什麼"，凡是說這種方言的，同時又有濁聲母的就是吳語。也許這樣說明性更強一點，但是這個問題到目前爲止，我並沒有再做。

三、調型與調值

問：您講濁音清化中清化後送氣情況有三种路线，官話區常見的"平送仄不送"是由於平聲使聲母發音方法的次要條件顯現，那麼其餘兩種送氣情況的存在是否可以說明在中古時期方言區聲調調型共可分爲三個大類？另外，平聲在現代漢語方言中不一定是平調，是否古代也未必盡是平調，才使有的方言區平聲不送氣？

答：我並不認爲它是三個大類。現在濁聲母的變化是三個大類，而且還不止三個大類，現在研究方言的人找出一大堆稀奇古怪的東西。譬如說次清，就是送氣的那個，它可能走的方向不同。有的方言可能因爲韻母的不同而使得它的演變不一樣。但是大分來講，我們說表面上有三類，一類是全濁變同全清；一類是全濁變同次清；一類是濁聲母變清：平聲送氣，仄聲不送氣。比如說一個 b，第一類全部變不送氣，變 p；第二類變 ph；第三類呢，變 p、ph 兩種。大分是這三類。基本上，你還可以細分。比如說，有的地方啊，平上去濁變全清，入聲的濁變成次清去了。中國方言裡頭，全濁的變化用作劃分方言區的一個重要的根據，現在對這一點很多人有意見。認爲在大方言裡並沒有一致性，即使是官話方言，它裡頭也可能有很多變得奇怪的東西。

對我來講，我認爲，中國的濁聲母只有一類，早期是不送氣。所以現在在吳語裡面還是濁，或者變成了全清，變成 p，這是早期的現象。晚期在北方話裡頭，雙唇全濁塞音是一個 bh，這個音後來就變成 ph，保存在客家話裡。第三類是 b 受了平聲的影響，原來隱性的次要條件後來顯現出來，就變成了平聲送氣，仄聲不送氣。我相信是這樣。所以我承認所有的濁塞音只有一類，只是早晚期有讀法的不同。我這個說法還有一個好處，那天我舉的例子是山西太原，還有平遙，還有別的地方。這個表示在北方話裡頭晉語是最早的一個分支。我認為晉語不應該獨立，可是晉語可以是北方話裡頭很早分出的一支。而這一支從它的白話音來看，全濁聲母現在是讀全清的。我那天舉出太原的例子裡頭，就是並、定、群母唸不送氣。唸不送氣的這個讀法正是早期保留的一個現象。

  李藍告訴我，現在北方話——我忘了是西北還是哪一區——有一個小片，濁塞音都唸送氣。這個就是我講的，在客家話來源的地區應該找得到這種類型，果然找到了。我以前用羅常培先生早期的研究，現在看起來在方言裡頭也有一批是這樣的。這個恐怕是從晚期的 bh 變成了 ph。所以在方言裡有三種現象，而這三種現象正代表有早晚期的不同。

  "其餘兩種送氣情況的存在是否可以說明在中古時期方言區聲調調型共可分為三個大類？"我剛才已經說了，我基本上只承認一種濁音，這個濁音送氣或者不送氣，這是個語音性的現象。因為是語音性的，所以它才有這樣的變化，但並不牽涉它的音位是不是兩個的問題。所以你說三大類，假如說是指方言區，這個方言區唸 p，這個方言區唸 ph，同時調型也不同。我不敢說不是。但我主要的是要說從 b 變來的 p 可能是早的，ph 要晚一點。從梵文對音看來也是如此，他們研究梵文的人好像沒有不同的看法。

  全濁變清究竟是什麼時候發生的。我們現在大致認為是八九世紀。是大家一起變的呢，還是各個方言先後變了呢？是什麼樣一個原因使得 b 變 p 呢？這個目前還沒有能夠弄得很清楚。大體上是在八九世紀的時候濁音清化。

  "另外，平聲在現代漢語方言中不一定是平調，是否古代也未必盡是平調，才使有的方言區平聲不送氣？"調型不平跟送不送氣恐怕不見得相關。譬如說，基本上某一種聲調使得濁塞音送氣或不送氣，是因為送氣、不送氣原來隱在裡頭。就好像我說的那個

peak 跟 speak 一樣,假如這個 s 掉了,這個時候 pi:k 跟 phi:k 一定要分。我的話講得不清楚,不是說一定要分,是可能分。s 掉了,這個時候原來隱性的 pi:k 跟 phi:k,兩個原本不對立的區別可能要分。在漢語中,有可能是這麼一個情形:在平聲裡的是 bh,在仄聲裡是 b,它們只是一個音位的變體,並沒有區別,就像 pi:k 跟 phi:k 一樣。可是等濁音一清化,bh 就變成 ph,b 就變成 p,可能是這麼一個原因。這當然是一個猜測。

你要說方言區古代平聲未必盡是平調,這個話我承認的。因為我的推測,在中古的時候,平聲是平調,大概是個 33 調。但是並不是說所有的方言都是如此,很可能有其他的方言不是平調。陸法言不是說"梁益則平聲似去"嗎?梁益那個地方唸平聲唸得像我們的去聲,調值的差別極可能各方言有不同。但我關心的是方言區平聲送不送氣,倘若不送氣,跟仄聲有沒有不同?如果它跟仄聲沒有不同,都是不送氣,那麼我會覺得它是按照第一種類型變下來的。如果平仄有不同,我就想,它可能有個隱性的東西在裡頭。

* * *

問:怎樣解釋現代方言之間的調型、調值的不同?

答:我們可以假定同一個方言有區域性的自然演變。譬如說天津跟北京離得這麼近,但是一方面的陰平是 55,一方面的陰平是 11。這兩個那麼接近的方言之間它的調值不同,大概是自然的演變調型它可能有的升,有的降,有的彎一下。我曾經做過一個研究,利用楊時逢先生的《雲南方言調查報告》,很靠得住。原來歷史語言研究所發表過很多調查報告,最好的當然是趙先生主持的《湖北方言調查報告》,後來有雲南、湖南的調查報告。《雲南方言調查報告》裡,我利用了十幾個方言的情形來研究。我現在手頭沒有那篇文章。可是我大致記得看到的情形是:24＞14＞13＞12＞11＞21＞31＞42,這當中的數字不一定完全對,因為我現在手頭沒有那篇文章。我是根據十五個雲南的方言來看調值的演變,有一個調可以從一個降調變成一個升調。只有鄰近的十五個縣,你一個一個依次看過來，就會發現這個調它可以這麼變。所以你問我"你是怎麼解釋現代方言之間調值、調型的不同"，最大的最簡單的解釋就是演變，它是自然演變的結果。

那麼，爲什麼有自然演變？這個回到語言本身的一個問題了，語言爲什麼改變？你跟你父親講的話差不多，可是你跟你祖父講的話可能就有一點不同。如果你現在在外地，在不同的地方唸書，那你的語音可能變化得更多。你回到家鄉，跟家人講話，老人說：這孩子怎麼搞的，說話帶外鄉口音，講的一些話，我們聽都聽不清楚了。這個原因是什麼呢？因爲兩代之間時間上的推移，它就可能改變。語言接觸會產生影響。

調值跟調型，你看從降到升，也可以看成從升到降，這個是調型，調值有13和12這種區別。到現在爲止，北京話的高平調究竟是55還是44，還是各說各話，沒關係。爲什麼沒有關係呢？因爲主要的是在它的對立。譬如說，有沒有兩個平調接近，55和44，那這個就非分一個高一個低不可。可現在沒有，至少在這個語言裡頭沒有。那你記55也可以，記44也無不可，有人覺得它低一點，有人覺得它高一點，沒有關係。

各位曉得，五點制這個記調法是趙元任先生弄出來的，他發明的五點制，音高最高的是5，最低的是1。事實上，這個系統非常妙，假如你發現了一個方言有六個平調，他這個五點制就站不住腳了，可是我們到現在爲止沒發現。研究福州話的或者研究其他話的，老是有人說：這個調高的地方絕對不止5，所以有人將某一個降調寫成62，認爲高處不止5。但是實際上沒那麼多對立，只有完全是平調才會對立。我調查過一個方言，四個平調。苗語有五個平調的，但是沒有一個語言是六個平調的，所以五點制到現在爲止沒有問題。

各位看，國語裡頭的四個調是55、35、214、51，假如我們把上聲214改成315，那麼這個系統只有5、3、1，換句話說只有三個對立的高低，用不著有那麼多高低。實際上五點制比較細膩，並不是說得到最基本的對立就滿意了。有人認爲閩南語的對立只要三點就夠了，這完全是一個觀念的問題。可是當你改成三點以後，便產生一個困難，就是語言之間的比較有時就產生問題。譬如說有一個北方方言上聲果然是 315，而現在的北京話就是 214，那麼在這個地方，你一定得說一個低，一個高。所以在五點制的範圍裡頭，你還有說明的餘地，如果改成三點，變成 33、23、213、31，解釋的餘地沒有了。只有三個對立確實就已經夠了，但是如果其中另有一個聲調是 24，它就不好辦了。所以在比較上有困難，不是說不可以把它減少到三點。到目前為止，以我們從事方言聲調研究的經驗，還沒有發現六個平調的。我想，如果發現，一定是個大事情，馬上要改寫五點制了。但是沒有！

怎麼解釋現代方言中調值、調型的不同。我想是由於自然的改變，而且有些不同可能只是人為的。就是未必需要有這樣的不同，但是實際上有人覺得高，有人覺得低。即使我們兩個人說話，大概都有一些不同，可能有一點點微微的不同。有人嗓子特別低，他講話的時候聲音的音高就比別人低得多，這個是自然的現象。

    *   *   *

問：我現在想檢討我最初"變調即原調"的理論，請大家看看有沒有問題。

答：下面是我調查的臨高方言兩個小方言的聲調系統：

	甲	乙
1.	11	35 變調 11。魚 ɓa 35＞魚 ɓa 11 金 kim 35 "金魚"
2.	55	55
3.	33	33
4.	22	11
5.	55	55
6.	33	33

甲方言有四個平調 55、33、22、11，另外一個方言三個平調，差不多一樣。可是甲方言呢，有一個調是 11 調；而乙方言相當的聲調是 35。像"魚"這樣的字，甲方言是 ɓa 11，乙方言是 ɓa 35。乙方言單獨唸的話是 35 調。可是它有個變調就是 11。換句話說，這裡的變

調啊,跟甲方言的本調完全一樣。其他各調都沒有變調。這裡只有一個變調,就是 35 變 11。

我見到這個現象的時候,當時想這兩個方言的母語應該是什麼樣的——如果我擬測一個母語。對於聲調系統我要怎麼處理。其他各調都一樣啊,55、33、22,相對的是 55、33、11。可是第一調怎麼處理?我當時的想法是把這個調擬成 11,正好跟甲方言 11 一樣,同時第四調就自然擬成 22。如果 11 是對的,我就認爲乙方言的變調,其實應該是原來早期臨高的調值。就是變調即原調。

這就是我說的變調即原調的一個最原始的資料。我是從這裡出發的。出發以後,我就看到張盛裕(1984)調查的銀川方言的資料。接著看到蘇州啦,其他地方的一些資料。我就覺得,不得不相信可能變調就是原調。

可是這裡並不是沒有問題。這個問題是,爲什麼要擬測爲 11 呢?比如說,它會不會是一個 33 調呢?如果是 33 調,那麼在乙方言變 35,變高了;在甲方言變 11,變低了。這種擬測極有可能。但是,我不敢做。因爲,你只要這樣一做以後,就脫離了語言本身給我的信息,憑空杜撰了一個調值。憑空杜撰了一個調值,就有危險。你說是 33,爲什麼不是 22?爲什麼不是 45?這就產生了方法上的困難。所以我想,既然變調出現在最自然的語流當中,它保持了這個 11 調,相信它就是原調。當然你可以反問,爲什麼其他的調沒有變調呢?這個現象對我有利。既然其他的都一樣,非常類似。只有第 1 調,乙方言變調唸 11,跟甲方言的本調一樣。所以最大的可能是說,乙方言的變調其實是它原來說話的時候這麼說的,單獨不這麼唸。換句話說,你要是光說"魚"的話,它就是 ɓa 35,"金魚"的時候就是 ɓa 11 kim 35。ɓa 是一個吸入音,有點吸入音的怪音。

我那一天告訴你們銀川方言的情形,這個方言一共三個調:陰平、陽平(上聲)、去聲。跟普通話比起來,單唸的時候陽平上聲是一個調。但是連讀的時候不同。單唸的時候"鞋、海"同音,都是 xɛ 53,而連讀的時候"鞋帶"是 xɛ 53 tɛ13,而"海帶"是 xɛ 35 tɛ13。這個現象更清楚。爲什麼呢?因爲銀川的本調只有三個調,只有在連讀的時候,才出現陽平跟上聲的不同。這個方言對我的理論比較有利。因爲臨高乙方言連讀的時候有個 11 調出來,跟甲方言的本調合起來擬測成爲原調。這在理論上來講,是不是完全站得住腳? 也許有人有疑問。現在銀川的資料當然更好,上聲字根本沒有本調,只有連讀才有變調。所以,變調即原調,是不是在方法上可以講得過去。

另外啊,我那天只稍微點到了一下,就是我說蘇州話有很複雜的情形。蘇州的情形很不容易把握。我們知道蘇州啊,單字的調只有陰平、陽平、上聲、陰去、陽去、陰入、陽入七個調,上聲只有一種。可是蘇州的變調有好幾個情形:一個情形是前後字都變調;一種呢,前字讀本調,後字讀變調。凡是後字讀變調的時候呢,它就唸得比較輕、比較短,因爲後面唸得輕唸得短就跟前面的字緊密地結合,變成一個前重後輕的連讀的單位。所以就構成一個所謂連調單位,受語法的限制。這種情形我們不去討論。

現在來看另外一種變調。先看上聲,因爲他單唸只有一類,從歷史上講,它是陰上。上聲有兩種變調:

```
前字                          後字
上聲 52      陰平   陽平   上聲   陰去   陽去      陰入   陽入
 1.                 41—34 多                   41—34
 2.                 52—21 少                   52—21
```

第一類,如果前字上聲,後字是陰平的話,就變 41—34。後字從陰平一直到陽去,這五個調都是這個樣。如果後字是入聲,那麼它也是 41—34,只是入聲的後字是短的。

第二類,前字 52 不變,後字都讀 21,也是入聲短一點。可以說,這個上聲字是有兩個連讀的調調:一個是 41,一個是 52。這兩類的差別是讀 41 的多,讀 52 的少。我們發現兩類有語法的差別。第二類呀,基本上是數量式以及動詞重疊式。可以用這個條件,把一、二兩類分清。譬如說,"九斤""幾瓶""走走",都是第二類。除掉數量、重疊以外,就是第一類。換句話說,這兩類的差別不是語音的關係,而是語法的關係。所以說假如它是重疊、是數量,那就是第二類,其他的是第一類。爲什麼一個多一個少呢? 也有道理,因爲真正的數量跟重疊是比較少的,其他的情形多嘛! 對不對? 換句話說,我們在這種上聲的變調裡,並沒有法子找出陽上的痕跡。基本上蘇州有七個調，我要想知道陽上是個什麼情形，必須另找新路。

好了，那麼我們換一個辦法，看看陽去的變調。爲什麼要看陽去呢？因爲我們相信，一般都是濁上歸去，陽上歸了陽去。那麼我們看看陽去是怎麼變的呢？

```
前字                                    後字
陽去 31    陰平  陽平  上聲  陰去  陽去    陰入  陽入
1.              22—44                    22—44
2.              24—21                    24—21
第二類例詞：武器  禮貌  五瓶  後年  下月
```

第一類，後字是五個舒聲調，都讀 22—44，後字是入聲時同樣是 44，也比較短。第二類呢，都讀 24—21。因爲蘇州表面只有七個調，我希望能夠知道有沒有陽上？如果有的話，大概是個什麼調。陽去的變調也有一、二兩類。第二類的字很特別。是什麼字呢？是什麼樣的詞彙呢？我唸給你們聽聽看：“武器，禮貌，兩斤，五瓶，後年，下月”。上字的聲母是哪一類？全是次濁或者全濁聲母，對不對？“武器”的“武”，這是個明母，“禮貌”的“禮”、“兩斤”的“兩”都是來母，“五瓶”的“五”是疑母字，“後年、下月”，“後、下”都是匣母。那麼換句話說呀，這一類都是陽上的字！是濁聲母的上聲字，我們叫它陽上。

這個就是表示說，前面上聲變調的一、二類是語法的關係。這裡陽去變調的一、二類不是語法的關係，而是歷史音韻的關係。有了這麼一個清清楚楚的方向，我們只好說，蘇州話原來有一個陽去，有一個陽上。陽上的是這一類，只有在變調裡頭它才存在。除此以外沒有別的好的解釋。所以那天我提出一個所謂“基調”的名詞來。蘇州話本調有七個，變調有一大堆：陰平、陽平、上聲、陰去、陽去，都是有兩類變調。所以要一一地分別，看看兩類變調分別是語法的關係呢？還是語音的關係呢？什麼關係？正好在陽去的這個地方我們找到了，原來它的變調有一類是陽上。所以我就說，蘇州話的基調應該是八個。那麼，它的調值是什麼樣的呢？我們只好從陽去的變調把陽上的調 24 先定下來。因爲，除此以外，別無線

索。陽平變調的前字也有 24 的,例如:

前字			後字				
陽平 223	陰平	陽平	上聲	陰去	陽去	陰入	陽入
1.			22—44			22—44	
2.			24—21			24—21	

陽平的兩類變調跟陽去完全相同。第二類都是 24—21,第一類的變調也是 22—44,怎麼下手擬測就遭遇困難。幸好我有一點主動選擇的理由,因爲表面上本調有七個,變調裡邊才發現第八個調。那麼,我就從第八個調陽上先著手,先從這裡開始擬測,調值只有一個選擇 24,我說這個是蘇州陽上的基調。有了這個基調的話,那麼蘇州就有八個調。當然,這裡陽去的變調就是陽上的基調,也是原調。

現在我們回頭看看陽平的 24—21 是怎麼回事呢?陽平變調有兩類,一類是 22,一類是 24。它們的差別目前沒辦法解釋。譬如說,"人力"22—44≠"成立"24—21,都讀 zən liəʔ,"誠心"22—44≠"存心"24—21,都讀 zən sin。要是從語音的角度看的話,"人、成"都是陽平字;"力、立"都是入聲。"誠、存"也都是陽平字。兩類的區別顯然不是語音的條件。假如說陽上定爲 24,陽平也只剩下一個選擇 22。

當時做這篇文章,真的費了好多力氣。有一段時間專門想這個問題,一類一類地看,尋找適合的解釋。幾位蘇州的語言學家研究蘇州話的調,真是怪得很,幾個人做的不一樣,謝自立啦,汪平啦,幾個人的變調不一樣。我最後用謝自立文章,因爲他的比較晚出。現在不知道李小凡先生的看法如何,他也是蘇州人——是不是?他是蘇州人嗎?(王洪君先生:是,但是他的話比較年輕。)我最近沒有再回頭看資料,在我入手的時候,爲難得很,不曉得怎麼做才好!

以上是告訴各位我當時工作的一個歷程:我是怎麼樣認定這個理論的,問題怎麼樣化解,一個一個化解。你可以看,假如你要討論一個語言的基調的話,第一個問題就是要從哪裡開始入手。沒有做過的人,根本想不到有這個困難。你開始說陰平是什麼,陽平是什麼——不對！第一個要注意的，就是說你要從哪一個調入手。我是從陽上。爲什麼呢？因爲它沒有別的線索，只有陽去的變調才找得到陽上的調值，別的地方沒有。只好假定這個調是個原來的調。同時拿銀川方言的情形來比較的話，這個推理大概說得過去。所以從這個地方入手，陽上已經佔用了 24，這時候，陽平是什麼調？沒有選擇了嘛！24 已經去掉了嘛，對不對？只剩下 22，所以我的陽平就是 22。

前字				後字			
	陰平	陽平	上聲	陰去	陽去	陰入	陽入
陰平 44			55—21				55—21

所以我就用這個辦法一步一步地推上去。陰平簡單，陰平只有一類變調，就是 55。它本身讀 44，變調 55 只是語音性的差別，所以我的陰平就擬測爲 55，陽平已經是 22。現在回頭想想這個辦法，路向大概沒有走錯。

前字				後字			
	陰平	陽平	上聲	陰去	陽去	陰入	陽入
陰入 55	55—34	55—52	55—412	55—52、412		55—55	
陽入 23			23—52			23—55	

陰入的變調只有一類，只有 55；陽入也只有一類，是 23，順理成章，陰入陽入一個是 55，一個是 23。調值的高低跟陰平 55，陽平 22 的擬測是很平行的。上面提到上聲字有 41 跟 52 兩個變調，讀 41 的多，讀 52 的少。並且發現兩類有語法的差別。同時 41 跟 52 只是語音上的區別。所以，就把上聲定爲 52。

至於陰去調，變調的情形如下：

前字				後字			
	陰平	陽平	上聲	陰去	陽去	陰入	陽入
陰去 412							
1.			55—21				55—21
2.			41—34				41—34

55 是陰平的調值，只有 41 的可能。陽去調呢？上面說過，有一類變調是陽上，剩下的一類有點困難：

前字		後字					
陽去 31	陰平	陽平	上聲	陰去	陽去	陰入	陽入
1.		22—44				22—44	

22 調已經是陽平，只好把陽去的本調 31 定爲基調。如果先把 22 定爲陽上的話，那陽平就難以推定了，這裡當然有我主觀的看法，傾向於把平聲訂爲平調，自然也就有討論的餘地。基本上是這麼一個擬測的過程。

其他的吳語方言呢？我也是這麼做的，過程中產生了不少的問題，譬如說，其中一個問題我不是告訴了各位了嘛，就是吳江啊，有十二個調。我那天也沒有時間仔細講吳江的情形。吳江到現在還有問題。沈鍾偉從實驗語音的立場來檢討，找一個吳江人來試驗，他說沒有區別。葉祥苓吳江方言的報告大致如下：

		松陵、同里	黎里、盛澤			黎里	盛澤
平	全清	55	55	上	全清	51	51
	次清	33			次清	34	34
	濁	13	24		濁	21	23

松陵的平聲有三個調：55、33、13，以全清、次清、濁爲條件。如果是上聲，我這裡只舉兩個地方，就是黎里跟盛澤吧，去、入我就不談啦。這個現象真怪！全清、次清啊，就是不送氣的清塞音跟送氣的清塞音，跟濁音共分三類。次清比全清調值低一點，好像是送氣的氣弱了一點，一送氣以後，調值就低了一點。好比全清是[p]，次清是[ph]。一送氣調值就低了一點，也稍微弱了一點，好像整個調的幅度就比較窄了。而在黎里跟盛澤，全清次清在平聲不分，但黎里上聲也分。在我做的時候，真是麻煩，我要想怎麼個辦法來分析這個資料。幸好有趙元任先生的記錄，趙先生調查的也是黎里跟盛澤。

		黎里	盛澤			黎里	盛澤
平	全清	44	42	上	全清	41	51
	次清				次清		12
	濁	232	231		濁	24	212

盛澤的上聲是三個調,可是平聲是兩個調。以趙先生耳朵之靈,絕不會說當時有一個調他沒有聽見,這是絕不可能的事情。一方面他是耳朵特別好的人;另一方面,他已經發現了上聲有三個調,有全清、次清、濁。他一定會回頭問,平聲某某某幾個字究竟怎麼樣,所以平聲一定沒有三個調。所以我才想起來,這兩個時代的資料顯然是前後期的一個變化,原來黎里的平聲還沒有分化,但上聲已經變成三個調。大概是六七十年之間的一個變化。不然的話,怎麼解釋這個情形?以松陵、同里的平聲跟黎里、盛澤比較,也可以看出從 55 到 55、33 變化的路向。這就讓我有理由把全清次清兩個合在一起,因爲這是後期的變化。

現在來看平入聲的關係:

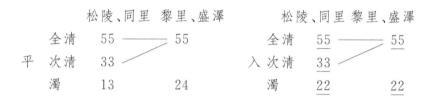

請看上面平、入聲的全清次清的調值完全相當。這就讓我有一個信心,覺得平聲跟入聲是相當的,所以到最後,古吳語的陰平調擬 55,陽平調 22,入聲調陰入是 55,陽入 22。原因是什麼?這就是根據之一。雖然這裡的平聲濁音並不是 22,可是,上面提到蘇州話平、入調平行的現象就很類似。

我那時候觀察了十一個方言,真是費了一番心思。但我到現在也不敢講,我這個做法是對的。我當時根據這方言的資料,從本調變調之外找出一個基調來,然後再想這個變調可能是原調這個角度,來看這個問題。我應該請教王福堂先生,他是紹興人,看我這裡紹興方言做得對不對。啊呀,我這個就是根據他的研究哎!既是根據他的研究,應該放心得多。根據什麼人的資料應該是相當重要的,因爲有些人的記錄,因爲訓練不夠,未必正確你就用他的資料,這是很危險的,所以最好先弄弄清楚是什麼人的記錄。

假如那個語言沒有變調怎麼辦?你不是說變調是原調?這個很簡單啊!剛才臨高有一個方言就沒有變調啊!沒有變調你只好

用本調。如果這個本調是兩百年前從別的地方變來的,那我沒有辦法,除非你有別的資料可以參證。所以說要根據可靠的資料,才能説話。在資料以外我不敢多說。正如我不敢擬測一個 11、35 以外的調來解釋臨高第一調的現象。

那麼這個方式,是不是就可以一路無阻,什麼方言都可以做?不能。何大安在我這篇文章發表以後,大概隔了幾年,他就寫了一篇文章(何大安 1984),從晉江的古調值的情形談聲調的擬測。他的意思是説,調值的情形有的可能是新的,有的可能是保存舊的。假如保存舊的,那麼,我這個説法可能是對的,就是從變調找原調。假如是創新的,是新來的一個調值。那麼,這個就不敢講。新來的資料你怎麼推到兩百年前去呢?所以他的改正對我來講,是在我的這個理論上又進了一步。我覺得很好。有一次在台灣講類似的問題,駱嘉鵬問我,我的方言有七個本調,只有兩個變調,你要怎麼辦?你要把這七個調的原調都變成兩個變調嗎?這個對我來説當然是非常困難的事情,所以我才覺得何大安推進一步是對的。但是我現在説這個研究的理由啊,就是在變調即原調發現的過程當中,事實上還是有一點意義的。就是讓你碰到一個方言的變調時,想一想是不是早先的調值?或者后來的調值?所有做新式變調研究的人,絕不相信這個辦法,陳淵泉(Matthew Chen)就不相信我的想法。因爲他相信變調都是創新的,應該從現在表面的調值來解釋。可是我想這個沒辦法辯論。因爲在我看來,銀川有平上去三個調,其中上聲有一個變調是陽平字,我説基調有四個調,這個沒有辦法辯啊。所以我也不辯,各人有各人做學問的方式。換句説,假如你假定所有的變調都是後來的,這是另外一個做法,本來的調是一個樣子,變了以後,就是連讀以後的變調。我們原先叫本調、變調,就有一點隱含的意思:一個是本來的調值,一個是變出來的調值。如果你把連讀都算變調,認爲都是後來的。那麼,這當然是一個不同的看法。

*　　　　　*　　　　　*

問:如果"變調即原調",普通話裡上聲的變調如何處理?

答：當我想"變調即原調"這一個問題的時候,我就想到普通話,就是我的國語。國語裡的變調要怎麼辦？總共是四個調,陰平、陽平、上聲、去聲。陰平、陽平沒有變調,只有上聲、去聲有變調。去聲的變調是什麼樣子的呢？這個是趙元任先生的說法。我想,他的說法是沒辦法推翻的,一方面是他的耳朵靈,另一方面是他在北京待了很久。

去聲變調　　大　　樹
　　　　　ta 51　ṣu 51 →　ta 53　ṣu 51

這是他《中國話的文法》書裡的例子,"大樹"。前面這個"大"啊,原來是 51,連讀的時候它不降到底,只降到一半。大樹 ta 53 shu 51。這種變調顯然是後來的。是兩個去聲連在一起以後,前面一個變得短了一點。這個對我擬測上沒有用,是一種創新的變化,我們不去管它。

上聲變調　　上　　214　→　35/__214
　　　　　　　　　214　→　21/__55、35、51（半上）

上聲的呢？變調很妙。我們標準的說法上聲調是 214,在另一個上聲字前面變陽平,變成 35;在陰平、陽平、去聲之前呢,214 變成 21,我們叫它半上。爲什麼叫它半上呢？因爲它正好是上聲的一半,對不對？這個是有名的半上。

問題是爲什麼會變半上？很簡單,因爲後字的起頭是高的,陰平 55、陽平 35、去聲 51。這個時候,前字是 214,變成半上 21 加上 55、51,連起來是 215,加上 35 連起來是 213,跟原來的 214 非常接近。因爲連接緊密,很自然地就變成一個 21,因爲後字聲調起頭都高,發音就不需要那麼費事。"小人"ɕiao 21 ren 35,不必讀"小人"ɕiao 214 ren 35,後面的"人"字聲調起頭高,"小"字的調子就直接連上去,所以這一類的演變就是後來的變化,由於語音的關係產生的後期連調變化。

那麼 214 變成 35 怎麼辦呢？這是上聲在另一個上聲字前面變陽平。要照我的意思呢,這個變調就是原調,早先上聲就是 35 調。

那麼陽平是個什麼調,再想辦法。因爲上聲在另一個上聲之前沒有理由變,214+214 也可能變成一個 21+214,可是它沒有變,前字卻變成了 35。所以我懷疑啊,原來的上聲就是個升調。這一點跟梅祖麟先生不謀而合。他(梅祖麟 1970)曾經討論過上聲的起源。他就認爲在 16 世紀左右的時候它就是一個上升的調。這令我很開心。他的文章發表在先,我做到這裡再回頭看他的說法,在我想解釋這個現象的時候,就有一個例子來幫忙。

他做的研究是很有意思的,就是根據很多資料來推。其中,最清楚的一個例子,就是有一本筆記上說:"李廣數奇",就是說李廣的運氣不好。唱曲子的人好像把"李廣"唱成了"離廣"。在那個時候,這個例子代表什麼呢?"李廣""離廣",上聲字在另一個上聲字前面變陽平。所以這個現象在那個時候就有,這是很早的資料啊。所以,在我的感覺,上聲字的變調來源甚早,不像是創新的變化。

現在來推想早先陽平調的調值是什麼。假如陰平是 55 的話,陽平如果我擬測它做一個平調,應該是言之成理的吧?我從前作《平仄新考》的時候,已經說了只有一個平聲,而且那個平聲是個 33 調。不管我說得對不對,現在所有研究聲調的人大概都不會認爲平聲是升調或者降調,沒有異議。差別是說平聲是高的,或者低的,頂多有這樣的不同。我說 33,你可以說 44,或者說 55。在這麼一個情形底下,我們要不要想,原來的陽平可能跟所有的陽調一樣,也是濁聲母把調壓低一點。正像我們剛才看到的 55,33 情形一樣。所以我假如說國語的陽平調原來是一個 22 調,並不是完全沒有理由。換句話說,我就是把 35 調從陽平那裡拿出來,給了上聲。那麼你們記不記得我說的唐代的上聲是個什麼調?上聲是"厲而舉"啊!是高的,是往上去的,是"直昂"!所以我就覺得,這些資料統統連繫起來以後,好像有一點點道理可說。

但是我從來沒有專門寫國語古調值的文章。爲什麼不寫呢?因爲國語的古調值你要跟河北各處的方言,至少是北方的官話區地方你要整個地一起看。這個工程浩大,我以前看人家描寫河北的方言,有的地方不曉得有多少種變法,各式各樣的變化。要從這麼多資料裡理出頭緒來,真是困難。可是我相信,如果有人有心,再慢慢地做的話,也許會做出成績。

我相信如果天津陰平是 11,北京是 55 的話,古語是 33 的可能性極大。那麼,如果它是 33,陽平可能是 22 或者 11。上聲擬測爲 35,去聲沒有變化,我們就說它是 51 就好了。這樣一來的話,陰平、陽平兩個平調,一個升調,一個降調,完全符合我的期待。

這個研究是不是很科學,你要看推理的過程有沒有道理。如果你說有一個地方可能不見得有道理,這是可能的。可是在兩個現象當中選擇的時候,我們把半上完全去掉,因爲這是新的變化。那麼你只剩了這一個上聲變陽平的例子,而且幾百年前可能就是如此,我這樣的講法是不是還有一點點道理呢?

* * *

問:"李廣數奇"當中的"李"讀如"離",只能證明上聲變調 35 產生較早,怎能證明上聲本調爲 35?

答:對呀,對呀!我只是想證明上聲的 214 在另一個上聲前面變 35 這個現象不是近代的變化,是早就有的。我只是要證明這個。假如這個是跟半上一樣的,是後來的變化,那麼我就不要說了。可是我推上去——這個是梅祖麟的研究不是我的研究——大概是十六還是十幾世紀,我記得有那麼一條資料。好像他用來講上聲的起源。我不贊同他說上聲是從喉塞音來的,但是他提到早先就有這麼一個變調在那裡。我記得他說上聲一個高平調。我並不是用這個證明上聲就是 35,而我是要證明變調不是一個後期的東西,顯然在幾百年以前它就已經存在,至少不是一個後期的發展。

* * *

問:我對您提出的"基調"有點小疑問,不知道蘇州人能否自己感覺到第二類陽上的字是單獨一個調類?如果感覺不到,那您所提出的"基調"是否是把不同歷史層次的東西合在一起?"基調"中的分析後所得的調類假定說母語的人感覺不到,與普通本調放在一起,等量齊觀,而給予這麼一個稱謂,是否感覺得到?

答:這個跟我剛才講到的是直接有關的。蘇州人啊,"感不感覺得到陽上的字是單獨一個調類?"(王洪君先生說:"應該感覺得到。")這要看你問的是什麼人。(王洪君先生說:"凡是有這樣的變調的人,他肯定能感覺得到。")對,就是所有能夠分析的人,有沒有能力分析不一樣啊!因為他可以找兩個東西對比,就是像我剛才舉出的"存心"跟"成心"一樣,兩個詞彙一對比,他馬上說不一樣。你要問一個普通人,他連調都不懂。你到街上隨便找一個人,你問他,普通話幾個調?他不懂,他根本不曉得幾個調!所以你跟不懂的人問他,他當然不懂。對於懂的人,只要有一個對比,就可以得到答案。你問他,這幾個字同音不同音?這是趙元任先生說的,凡是發音人認定的同音,他就是第一個權威,你不能懷疑他,你不能說:"不會吧?我聽來有點不同。"這個絕不可以!絕不可以,發音人真是最高的權威。可是你要問他:"這個字是[si],那個是[ʂi]吧?"他說,對,對,對!其實可能他根本不知道你說的[si]跟[ʂi]是什麼分別。所以,你千萬不能這麼問問題。

我調查台灣高山族語言的時候,有一次我們幾個人聽的音都是甲跟乙不同,老師卻認為是相同的。所以,我們就說給發音人聽。我說:"這個你看,一樣不一樣?"他說老師發發看。老師發,他說:"老師對,老師對!"只要是老師發的,他就覺得一定比學生好一點。所以你要問發音人問題一定要有技術,問錯了就得不到正確的答案。你問他們知不知道幾個調類,訓練有素的馬上知道。我在儋州找的發音人吳鍾綺先生,訓練得好得很。大概兩個月以後,他自己就能把儋州話用音標寫下來。然後還跟我辯論,這個音為什麼這麼寫不那麼寫。他後來寫了幾十萬字的詞彙,像編成一本詞典一樣。真是可佩。所以,你這個問題,對好的發音人來講,他一定知道。

如果感覺不到,會不會把不同歷史層次的東西擱在一起。請注意,它一個是本調,一個是變調。我現在要想找的基調,就是一個為比較的關係所推出來的聲調。這個本來就不是一個簡單的事情。因為這個基調本來就是另外一個層次,我是把本調、變調合在一起看。推出來的本就是一個歷史層次的東西,基調是一個語言當中基本的調。所以，我不覺得是把兩個層次的東西混在一起。而且，你前提是說"如果感覺不到"。可是他事實感覺得到。"基調中分析的調類，假定母語聽不到"——你這個假定還是不行，因爲事實上大部分都聽得到——"跟普通的本調比，與普通本調放在一起，等量齊觀，而給予這一個稱謂，是否感覺得到？"這個問題很簡單。當你拿蘇州跟紹興，跟其他吳語方言比較的時候，一個簡單的問題就是說：蘇州幾個調？你怎麼回答？假如你說本調七個，變調八個。變調不是八個啊，變調一大堆啊！爲了要做歷史比較，我只能說它的基調是八個。因爲其中一個是從連讀變調推出來的。所以我不覺得這個地方真正在層次上有什麼大的問題。

　　　　＊　　　　　＊　　　　　＊

問：剛才您說同里平聲、上聲等因全清、次清、濁各分不同調類，再因爲送氣由弱變強導致調值由高變低。我認爲欠妥。雖然趙先生研究認爲吳語濁音不是純粹的英語式的濁音，而是清音濁流。但其中送氣恐怕不會比次清強，那次清的送氣反而調值高，根據學者的研究：江荻認爲全清到濁是個"連系統"，全清的清音性比次清強，次清又強於濁，因而我覺得聲調低是由於濁音性由弱到強。而且，濁音容易導致音高變低。不知您認爲有道理否。

答：全清　　55
　　次清　　33　　強
　　濁流　　13

這是兩個問題，兩層啊。我們先來談第一層。我的意思，像全清、次清這樣的分化恐怕是個後期的變化。對不對？所以開頭先是個清濁的區分。當清濁區分以後，清是一類，濁是一類。假如說、清是 55，濁是 13。如果我們設想原來是個平調，由於濁的關係使開頭的音高變低。這個完全同意啊，沒問題啊。

然後第二層，從平調 55 裡頭分出 33 來，送氣的關係使它變得低一點。我們可以看得出來整個的調都變低。全清是高的；次清變低。那麼在這個時候，我們就可以不牽涉濁聲母的問題了。因爲，這個是後來的送氣分調了，這個之前的是清濁分調啊。當產生這樣情況的時候，它是一個連系統也好，不是一個連系統也好，跟我這個問題不相干。爲什麼不相干呢？因爲在我的研究裡，從歷史分析上，先是濁的跟清的變成兩類，然後清的後來才變兩類。這個後來變兩類的原因是由於送氣。無論如何，次清送氣總是要比全清要強，對不對？

我開頭說了一句話，後來忘記補充了。就是我說的那個沈鍾偉啊，他從實驗語音學來研究吳江的變調。找了一個同里人發音，他說發了半天，全清、次清的調在儀器上沒有區別，根本一樣。我現在不知道，55、33這兩個調是不是機器上能分得那麼清楚？應該分得清楚啊，55、33。這究竟是一個什麼原因？我不敢講，可是這是葉祥苓的資料，他是吳江人。他寫蘇州的語音，人家懷疑他說，你這蘇州的資料可能不大對，有人批評他。但是他自己是吳江的人，而且，我剛才不是說還有趙先生記錄的資料，我就不大相信趙先生記錄的三個調其實是兩個調，我不相信。但是，我現在沒有辦法解決的，就是沈鍾偉他實驗的結果爲什麼是這個樣子，沒法解決。所以只好留著，希望有一天，儀器進一步的分析顯示兩個調還是有區別的。或者他找的發音人沒有區別，我也不知道。

討論：

秦曄：老師，我想問一下，就是說，您剛才說"送氣會使得調值變低"，這個好像我沒有看到過，就是語音學書上好像沒有看到過這個例子。

丁邦新：我也沒有看到過，我沒有注意。

王洪君：贛語中有很多送氣變調啊！

秦：但是，濁音會使它變低，而且說次清的濁音性比全清的濁音性要強。所以我覺得是濁音使得它那個調值變低了。

王：贛語中有啊。

丁：贛語中有啊？

王：送氣分調，送氣使得調值降低。好像石鋒也做過實驗的研究。

秦：石鋒做的那個實驗最後不確定是在……

王：不是百分之百的一定要低，但是如果是有影響，送氣會使調值降低。

丁：你是說，由於這個次清是濁？

秦：就是說，由於送氣導致它更濁，然後所以它的調就更低。

丁：這個我就不知道了，這個是你的解釋了。我就不知道次清是不是變濁，這個我一點不知道。我看恐怕不會。

秦：因為根據他的實驗研究，凡是次清，凡是送氣，就會更加濁一點，呃，相對濁一點。

丁：也可能啊，假如你要用這個理由來說的話，對我來說是一樣的。

秦：因為剛才我以為您是從全清一直就指到了濁。

丁：我沒有，沒有。我是說這是分兩類的。一上來，就是兩類，因為這是歷史層次的問題，

秦：是我看錯了。

丁：所以這個問題啊，我想大概是可以分兩個層次，而且我開頭就講，這個恐怕是近來的發展，這六七十年的發展。而清濁分調是很多語言老早就出現的一個現象，很早。

* * *

問：上次您提到梅先生以南部吳語上聲後有喉塞尾證明上古上聲來自喉塞音尾。您分析了實際音變，否認這種說法，似乎很多舒聲促化的例子可以支持您，如晉語。02 年我參與調查浙南慶元竹口鎮下村方言時，遇到一個陽平變同陰入的例子，應當是後起的變化。這是否也可支持您呢？請問，有這樣的先例嗎？如何解釋？

答：舒聲促化，可以啊。這至少支持我的說法，極可能後面有喉塞音的音節不能夠推到那麼早去。而且陽平鼻音尾字既有鼻音尾又有塞音尾，別人也告訴我，鼻音尾的字后面可能再有塞音。這個並不奇怪，只是我個人沒有碰到就是了。我那天講的是，韻母鼻化後面有喉塞音。現在講的是鼻音韻尾後面還喉塞音，我想這

個極可能,如果鼻化音是從一個鼻音韻尾來的話,它後面的喉塞音韻尾應該還存在。我想這個大概是沒什麼問題。

四、北京話中入聲字的演變

問:中古的入聲字在現代北京話中按聲母清濁派入不同聲調,尤其是全濁歸陽平、次濁歸去,規律很嚴整,但濁母清化是早就完成了的,在北方。爲什麼還能按清濁的條件演變?

答:中古的入聲字在現代北京話中按聲母清濁派入不同聲調,我們要把這個問題分開來說。一個規則是很清楚的。所有的濁聲母,平聲的字歸陽平;可能上聲的字原來歸陽上,後來陽上歸入去,就變成了去聲;去聲陰陽並不分。入聲在普通話當中的變化非常不整齊。這個地方說"全濁歸陽平,次濁歸去",這話不清楚,"規律很嚴整",不對,規律一點都不嚴整。我花了好多時間研究這個問題。就在《語言學論叢》第二十輯裡頭,我有一篇文章(丁邦新1998),其中有一半就是談這個問題。我的看法,這是方言累積的結果:有一個方言,入聲全濁唸陽平;有一個方言入聲全濁唸去聲;那麼把這兩個方言群加起來,它就變成現在的情形。現在的情形非常不嚴整,入聲次濁變去聲;入聲全濁大部分唸陽平,小部分唸去聲;入聲清就變入陰平、陽平、上聲、去聲四調。這個現象很難解釋,我認爲是一個方言接觸的結果。所以在普通話裡頭,入聲字可能有好幾個讀音。最多的,譬如說,"索性"的"索"吧,大概可以有三四個讀音,很多字都有好幾個讀音。這些讀音是什麼原因?除掉方言累積以外,可能還有文白的問題。

至於說濁母清化是早就完成了的,爲什麼入聲還能按清濁的條件演變?我想它不是這樣的,而是兩條路,一條是清濁存在的時候聲調就分化了;另外一條是方言合在一起,它就變成一個新的樣子。

*　　　　*　　　　*

問:舌尖母音[ɿ][ʅ][ɚ]的來源各是什麼?它們有交叉的來源

嗎？[ʅ][ɿ][ɚ]的音色更接近[i]還是[u]？

答：[ʅ][ɿ][ɚ]的來源是什麼？這個你要看看王力先生的《漢語史稿》，看他書裡頭討論[ʅ][ɿ][ɚ]來源的那一節。董先生的《漢語音韻史》裡頭也可以看，有一章"由中古到現代"的語音比較，條件很多啦。基本上最大宗的來源就是止攝的知、莊、章系字，有一部分精系字，大概是這樣。

"它們有交叉的來源嗎？"什麼叫作交叉的來源？假如它們都是止攝的一些字來的，在精系它就變成[ɿ]（舌尖前母音），在知莊章系它就變成捲舌的[ʅ]，這個就算交叉的來源嗎？假如這個算的話，那麼它們就有同一來源。

[ʅ][ɿ][ɚ]是更接近[i]還是更接近[u]？我想更接近[i]吧。在中國方言裡有這種現象，就是[i]再高化就變成[ʅ]。你們這裡有沒有安徽合肥人？比如說"飛機"，"機"就是[tsʅ]，[fei tsʅ]，那個[i]就是[ʅ]。[i]在高化以後，它就變成[ʅ]。所以，這個大概是跟[i]比較接近，離[u]比較遠一點。

五、吳語與閩語

問：魯國堯先生去年在他的長篇論文《顏之推謎題半解》裡，提到東晉南渡後的通語和方言三分，北朝通語、南朝通語，還有吳方言，跟您的鄴下切韻和金陵切韻南北兩系大方言的提法是否衝突？你對此文有什麼意見？

答：我有回應，因為我把魯國堯先生的批評看了以後，我覺得他說的話有一些道理，可是並不能完全地讓我信服。我的看法跟他的看法是不同的。我認為，在吳語當中有一個閩語的底層，我認為吳閩有深切的關係，他認為吳閩可能關係比較疏遠。我認為現代吳語的來源是魏晉時代從北方到南部去的，他認為北方去的可能是通泰的方言。我一年以前在閩語會上，宣讀《再論閩語的前身》，我有一點回應，這篇文章還沒寫成。我希望在這兩個月當中，能夠寫成這篇文章（參見附錄）。總之，魯先生的說法我不能夠完全同意。

六、韻尾的問題

問：我聽人說，入聲韻尾-k是"個"字虛化後黏著在韻母後形成的，-t是"的"字虛化後，粘在韻母後形成的，您認爲這種說法有道理嗎？

答：沒有！你想想看，-t、-k的字不都是動詞或者形容詞啊。如果這種說法成立，就有好多奇奇怪怪的東西可能跟"個"連起來怎麼辦？"這個""那個"當然可以了，你說"木個"，哪有那麼回事？這個"木"就是收-k尾的，原來是"木個"嗎？我不相信。收-t尾的是"的"？這要形容詞才行啊，不是形容詞怎麼辦呢？"七的、八的"，可不可以？"七、八"都收是-t尾的字。從前我的感覺是兒化只有名詞後邊才有，可是後來翻趙元任先生書的時候才發現，原來北方有好些"兒"可以加在動詞後面的，譬如說"火兒了""葛兒了"，"葛兒了"現在還說嗎？還有啊？我不說這句話，我看了以後大笑，覺得真是滑稽極了，動詞也有兒化尾的。很多收-t尾、-k尾的字沒有虛化的問題，所以這個說法沒有道理。

第六章　雜　論

一、漢語與字音

問：漢語方言中單說的字很少，爲什麼字音和實際說話音有差別？漢語方言中的字音作爲研究對象和連讀中的音應該以什麼爲研究重點？試想在沒有文字前，什麼是漢語的"字音"，是否只能指可以單說的單音節詞呢？漢語的字音說是來源於此嗎？字音研究的意義能解釋漢語語音的發展嗎？現代方言中能單說的字越來越少，只做字音研究有價值嗎？

答：一連串的問題，我們回頭來看。"漢語方言中單說的字很少，爲什麼字音和實際說話音有差別？"因爲實際的說話不是一個字一個字說的，我們總是一串字一起說的。可能歷史的來源不同，方言不同。

如果把這一串的字用原來結構派的分析的方法來切分，也可以變成一個一個的字。例如"今天我到學校去了"。你一次只能按結構畫一條綫分爲兩部分，這是結構派的老方法，可是對字音的研究很有用的。在這裡畫線"今天｜我到學校去了"，可不可以這樣切分？"今天我到｜學校去了"，有沒有人有不同的意見？能不能把這句話分成"今天我到""學校去了"兩個成分？大概不會吧？"今天"，你可以拿來跟"明天"，跟"後天"比，就可以把這個"今｜天"切開——這是第二次切分。切開以後，就得到了一個"今"字、一個"天"字。"我到學校去了"，分成"我｜到學校去了"，跟"你到學校去了""他到學校去了"相比，可以切開得到一個"我"字。"到學校去了",這個就有一點麻煩。可不可以說"到工廠去了""到戲院去了"?可以。那麼好,你可以把"到"跟"學校"分開。你設法找到對比的詞彙,譬如說"去了"可以跟"到了"對比。"學校"你可以說"學生"。是不是"學生"跟"學校"有一點接近呢?假如你說有,或者你說"學校"可以跟"護校"——護士學校——相比,你又可以切開。用這個辦法的話,你可以把一個句子,說的一串話,切成一個一個的單音節,這個單音節就是文字。"字"在這個角度上來說,照趙元任先生的意思,它是一個社會學上的東西。一個不認識字的文盲,他也可以跟你講:"八字還沒有一撇呢!"他也許會說:"你敢說一個'不'字?"他又不認得字,怎麼認得一個"八"字呢?"八"在他的眼裡是個單音節,他就可以說"'八'字"了。所以字有一個社會學上的意義,就是基本上它跟語言當中的單音節很配合。字單說的很少,"爲什麼字音和實際說話音有差別"? 如果你的意思是指文白讀的話,可能是歷史來源的不同或方言來源的不同。

"漢語方言中的字作爲研究對象和連讀中的音應該以什麼爲研究重點?"你可以兩個都作爲重點,看你要研究什麼。假如你要研究連讀,那麼你就研究連讀的音;假如你主要的是要分辨它的字音,那麼你就設法從連讀的音裡頭慢慢地把單獨的音找出來。我曾經試過這種探索。閩南語"不"字是 m˩,"不來"是 m˩ 11 lai 24,"不去"是 m˩ 11 khi 11。通常只要後面有字,前字就變調。變調的 11 可能來自陽平 24 或陽去 33,我就想,"不"字的本調是什麼呢?如果一個字只能出現在連讀形式的時候,你根本沒有辦法找到它單唸的調。怎麼辦呢?我後來才想起來,原來閩南話"不"字可以單唸。問"你去不去?",可以回答說"m˩ 33",這個時候我才知道它有個本調,否則那個本調你沒有辦法找。所以"應該以什麼爲研究重點",如果你研究字,就像剛才那樣切開。看你想要研究什麼,都可以做。

"試想在沒有文字前,什麼是漢語的'字音'"。說得一點都不錯啊,沒有文字前,恐怕我們不能說"字音",因爲根本沒有字嘛,你還說什麼"字音"呢?"是否只能指可以單說的單音節詞呢?"單音節詞可能有啊,可是在字發明以前,在比甲骨文更早的時候,我們根本沒有一個字的觀念的時候,這個時候你說它是什麼東西?只能說它"單音節"嘛！我們說"天"這個觀念，一直下來都是單音節的"天"，推到上面去是不是單音節的"天"呢？咱們不知道。如果你推測它還是，你只能說"天"是單音節。"漢語的字音說是來源於此嗎？"漢語的字音說，我認爲當然跟單音節有關係。

"字音研究的意義能解釋漢語語音的發展嗎？"可以的。像剛才我說的這個切法，你切完了以後，每一個字推出它的來源，還是可以研究語音的發展的，沒有問題。"現代方言中能單說的字越來越少，只做字音研究有價值嗎？"看你要做什麼。假如你要追究古音上這個字怎麼唸，那麼你只能一個音節一個音節推。現在雙音節太多了，多音節也很多。所以有些東西，你不一定要聽得很清楚，只要它兩個字在一起，你差不多就能了解它。我不知道上海話"尷尬"普通話怎麼唸，tɕian 55 tɕie 51？也唸 kan 55 ka 51？我告訴你，普通話 ka 51，沒有正常的普通字，另外你找一個念 ka 51 的字來看看？沒有吧？沒有的。這個字是吳語借進來的。你要說我們現在研究的是複音詞一類的東西，那麼"尷尬"當然還是有意義的。但是你要說"尬"這個字歸結到一個音，有什麼意義？這個蠻難的，因爲它本來是一個複音節的語素，你沒有辦法尋找單字音的意義。我問你：ka 51 是個什麼東西啊？不知道。"只做字音的研究有價值嗎？"我覺得還是有，看你怎麼個做法。假如你是研究自然語言，你要輸入電腦，有很多東西是複音節，非要重視連讀不可，單獨的字音沒用，連在一起說的時候，它就改變了。

二、普通話及其他

問：(1)香港國語和普通話有什麼區別？(2)是否可以說古人的聲帶不發達，如同一個簡單的樂器，只能發出簡單的音或混沌狀的音，複聲母就是一種混沌狀的音，而現代人聲帶發達，如同鋼琴一樣，可以發出更多更複雜的音？

答："香港國語與普通話有什麼區別？"我們暫時不要說香港的國語跟普通話有什麼區別，所有地方的話，如果不說標準的普通話，各地方的國語跟普通話有什麼區別？我在台灣多年，我的主張是"推行國語，保存方言"。怎麼個保存方言的法子呢？怎麼推行國語呢？我告訴你，很簡單，就是講南腔北調的國語。只有講南腔北調的國語才能同時保存方言。我們絕不能夠把一個方言拿來作國語，彼此就不能溝通啊。所以你聽香港的廣東人說國語，他說"政治和經濟都是很重要的"，他說"tɕiŋ 51 tɕi 51 和 tɕiŋ 55 tɕi 51 都是很重要的"。因爲他們沒有捲舌音，"政治"兩個字他不會捲舌，他一定唸"tɕiŋ 51 tɕi51"，聽起來就好像"經濟"tɕiŋ 55 tɕi 51 一樣，所以他一講"tɕiŋ 51 tɕi 51"跟"tɕiŋ 55 tɕi 51"的時候，底下聽的人莫名其妙：他究竟在講什麼呢？其實他是說"政治和經濟都是很重要的"。

以前好像是梅貽琦先生吧，出了名的教育部長。會議討論完了，他問大家："這個事情有沒有 i 51（異）i 51（議）？"大家不曉得怎麼說。要說"沒有"，究竟是沒有"異議"呢，還是沒有"意義"呢？所以你要說"你們有沒有不同的看法"。"有沒有 i 51（異）i 51（議）？""沒有。"好，討論了半天都沒有意義！

不同地方的人說國語，帶著方言口音，他會覺得他說的是國語。比如我們如皋人，把如皋話稍微改變一點點腔調，就覺得說的是國語了。其實根本不是。但是這個沒有關係，畢竟比較容易懂一點，彼此勉強可以溝通。所以我就覺得香港的國語跟普通話的區別就是帶著香港人口音的國語，帶著廣東話的口音。但是沒有關係。

"是否可以說古人的聲帶不發達，如同一個簡單的樂器，只能發出簡單的音或混沌狀的音，複聲母就是一種混沌狀的音，而現代人聲帶發達，如同鋼琴一樣，可以發出更多更複雜的音？"這個話問得很妙啊。我告訴你一個故事，有一次我教一個洋人捲舌音，他知道我是研究音韻學的，他來跟我講：丁先生，我發 tʂ1、tʂh1、ʂ1 這個音發不出來，是不是我的上腭特別高，所以我的舌頭捲了半天也到不了上腭這個地方，所以我發捲舌音就不行。我說沒那麼回事，你哪裡有那麼高的上腭，你舌頭怎麼頂也頂不到。可是這個問題我雖然覺得好笑，但實際上，他問得並不是完全沒有道理。我告訴你，人類啊，怎麼能夠發音的？爲什麼會變成說話的動物啊？因爲在早先的時候，人是趴著的，就跟猴子一樣是趴著的。一直要等到人直起身體來，這個喉嚨下來，他才能說話，否則的話，他在那個地方只會發"哦哦哦"這樣的聲音。你看狗啊、猴子啊牠們基本上只會發一個單音，因爲它的喉嚨沒有下降。但是我不相信古人的聲帶不發達，這個"古人"到什麼時候？你假如推到猿人時代，那可能不怎麼發達。到直立猿人的時候才慢慢慢慢地發達起來。但是你要說周代的人聲帶不發達，這個我不相信。而且我不大能夠同意複聲母就是一個混沌狀的音。因爲你現在學英文，你說 speak 中的 sp，school 中的 sk，你說這是混沌的音嗎？不是。你說 plenty 當中的 pl，都是很清楚的。我相信古時候的人如果有複聲母的話，大概也是一個清楚的音，不會是混沌的。現代人聲帶發達是發達，但是跟鋼琴不一樣。鋼琴，這個超出我的知識以外，因爲我不會彈鋼琴，我不知道鋼琴有幾個音域，反正有三四個以上吧？可是我們人類大概能唱到兩個音域就很高了，鋼琴可以多得多。所以鋼琴是可以發出更多的聲音，音域更廣，但是人不行。

*　　　　　*　　　　　*

問：推廣普通話寫入憲法，而方言卻未提及。推廣普通話會不會意味著或造成了方言的消亡？南腔北調的普通話是不是可行（儘管現實狀況很多如此）？是語言的政策、態度，還是政治、經濟的原因？

答：推廣普通話寫入憲法的一個原因，正是因爲中國的方言太多了，而且不止是方言太多，確切地說，是語言太多。我們有五十六個不同的民族，語言有幾十種，那麼你得有一個媒介讓彼此之間能夠交流。方言沒有提及，我想也許是當時覺得在憲法上我們只是要談最重要的國家的語言政策，方言可以不必提。

"是不是意味著方言的消亡？"這一點很多人擔憂，說是推廣普通話以後，方言就少掉了。這個是可能，在某一個地區方言消失，這是沒有辦法的事情。現在譬如說在我家裡，我的方言是如皋話，我內人是江陰人，她從小學的國語。我的孩子也說國語，那我的方言在我家已經消亡了。但是我告訴你，在江蘇那一帶方言還存在著,如果是大的區域方言就不易消亡,我回到我的家鄉講如皋話,他們說:呀!你的如皋話很好啊,跟我講得完全一樣。在我聽起來卻會有一點點不同,有些音,我沒改變,他們改變了。所以是不是方言的消亡?可能在某些通都大邑,如北京,人來多了,北京話慢慢沒有了。李德超說現在北京話要想一想才會說,沒那麼多北京話了,都說普通話了。

"南腔北調的普通話是不是可行?"當然可行!"是語言的政策、態度,還是政治、經濟的原因?"政治經濟的原因我不談,我只談語言的問題,當然政策、態度都有影響。

三、崑曲的音韻

問:崑曲唱詞跟念白兩分,請問這是哪個時期的音韻?

答:這個問題對我來講是難了一點。雖然我學了一點崑曲,可是我對於崑曲沒有特別的研究。我的感覺啊,崑曲的唱詞跟念白這兩個部分不同,像北曲,它的念白——就是道白呀——大概偏重於當地的方言,讓觀眾聽得懂;唱的時候呢,它是口耳相傳,文雅的東西。到了念白的時候呢,可能要配合當地的方言背景。那麼,真正的崑曲,"原來姹紫嫣紅開遍",杜麗娘唱的是崑曲的原詞。我相信到了她念白的時候呢,多多少少跟她原來唱的方言不大一樣。

這個是什麼時候的音韻?我真的不知道,大概是明代的吧!是不是北曲遵照周德清的《中原音韻》?南曲遵照官修的《洪武正韻》?它的方言大概是江蘇崑山附近,以及它所流行的區域——吳語區的方言,是不是這樣?現在我們聽到的唱詞跟念白這兩部分,還是有一點點不同。唱的時候,入聲字清清楚楚,但是到念白的時候,我的感覺,比較偏重於官話。這個問題我沒辦法答得很好。應該問教戲曲的先生,這個問題我不能答得完全滿意。

四、詩詞錄音帶

問:是否可以按照中古音的聲、韻、調及詩詞平仄格律,加上古典音樂,製作一套關於唐詩宋詞的錄音磁帶?如果有這樣的錄音磁帶,後來的學生學習音韻學就身臨其境,非常容易。是否有人正在做?您認爲做得出來嗎?

您自己構擬出來的中古音製作過錄音磁帶嗎?從平面死板的語言資料轉化爲立體的有聲語言,您認爲難度有多大?

古典音樂家能夠把古代音樂資料演奏成鮮活的有聲音樂,那麼古音韻學者也應該借鑑古音樂演奏家的方法,把古代語音轉化復活成鮮活的語言。

答:台灣在幾十年前就有一個詩詞吟誦的錄音帶,是師範大學做的。他們找了好幾位說不同方言的教授,好像沒有人用國語,因爲國語的入聲已經沒有了。但是並不是用官話就不可以吟誦。你們用《國音標準彙編》的時候,"說明"告訴你:國語只有四聲了,但入聲的讀法還要兼存。怎麼辦呢?碰到入聲字就讀短一點。譬如說"絕、滅、雪",你就念短一點,等於後面加一個喉塞音。可是我看了這個我就大笑,爲什麼呢?因爲一個人的方言中根本沒有入聲,他怎麼知道這是一個入聲字嘛!你要先查一下,把所有的入聲字通通查出來,然後你才能那麼念。有人還真是這樣。我的老師屈萬里先生是山東人,他根本沒有入聲,他都是背的,就跟我背 tṣ-、tṣh-、ṣ-、ẓ-一樣,他一看字就曉得它是不是個入聲。師大做的錄音帶是各地人吟唱的。這個很有意思,我也稍微做過一點研究,做得不多,不過很好玩,等一下再說。各地的方言不大一樣,可是有一個特點各地大致相同,就是說,平聲的地方它可以拉長,仄聲的地方讀得比較短,也可以微微地拉長,但是絕不能像平聲那樣拉長。有了這種錄音帶,學生學音韻學是不是就身臨其境,這我就不敢講了。因爲它畢竟不是當時的音啊。

我曾經做過一個試驗,我根據擬音讀唐詩,按照中古音讀出來,聲調呢?就用我做過的平仄,大致平聲是平調、上聲是升調、去聲是降調、入聲是促調。好了,我唸兩句給你們聽,我希望我還能念得對。tshau 33 tshau 33 tshiɛt 3 tshiɛt 3 tshak 3 dzap 3 dan 33,da 31 tɕjuo 33 sjæu 35 tɕjuo 33 lak 3 ŋjuok 3 buan 33。你們大概已經知道是誰的詩了吧?可是,我的聲調對不對不能肯定,董同龢先生的擬音實際上怎麼唸也不知道。我只是把擬音大致讀出來，是"嘈嘈切切錯雜彈，大珠小珠落玉盤"。這兩句詩裡"嘈嘈切切"是擬聲字，擬聲字容易懂啊。這兩句詩我早年弄出來以後，唸給別人聽，很多人都聽得懂，因爲他們知道《琵琶行》嘛。如果你不知道的話，你腦筋裡沒有兩句詩，你根本就聽不懂啊。所以我覺得能不能夠"身臨其境"，這個是很大的困難。而且我們現在擬的唐宋音也不一樣，是不是能夠把唐詩宋詞的音弄出來，當時的語音實際怎麼樣，我一點都不樂觀。

我剛才說我做過一點小的研究。這個妙得很，我的一個朋友是湖南人，我們作詩唱和。湖南是有陰平、陽平的，就像國語一樣。我讓他把詩念念看。無論陰平、陽平，到了他吟詩的時候，他聲調唸得一樣，他並沒有一個高低的調型。原因在哪裡呢？因爲平聲要讀平調它才能拉長啊，現在他的陽平變成升調，不能拉長了。那怎麼辦呢？他就把它平著唸。譬如說"雲淡風輕近午天"，"雲淡"他不是讀"雲 13"，是"雲 33"。他不唸升調，唸平調。把陽平的字唸成一個普通的平調，像陰平調。所以我相信，當平聲調變成陰平、陽平以後，在吟誦的時候他的平聲調還沒有變。

"您對自己構擬出來的中古音製作過錄音磁帶嗎？"沒有！我的中古音還沒有擬出來，當然不會做成錄音帶。

"從平面死板的語言資料轉化爲立體的有聲語言，您認爲難度有多大？"這個我剛才講的，難度確實很大。我已經試過了，給你們聽"大珠小珠落玉盤"。這件事情也許可以做，是日本吧，他們用擬測的音——推到早期平安朝當時的音，用來唱戲，變得很轟動，很好玩。這個東西在語音學上能不能來做？大致是可以。可是，我一再說明我們擬的不是實際的音值，所以真是困難。

"古典音樂家能把古代音樂資料演奏成鮮活的有聲音樂，那麼古音韻學者也應該借鑑古音樂演奏家的方法，把古代語音轉化復活成鮮活的語言。"我希望有朝一日我們能夠做到這一點。但是畢竟不是很容易。我告訴你，古代音樂資料能演奏成鮮活的有聲音樂，你相信那是古代的真面目嗎？我們古代的樂調大概宋代有些紀錄，知道當時確實是怎麼樣，早期的，唐朝的音樂我們根本不知道。你怎麼知道唐人的音樂？你又沒有樂譜。有人說，這是口耳相傳,是從第幾世紀傳下來的。你那麼說可以,我根本沒有辦法相信!也許是,也許不是,我不敢說你錯,但是你要我承認它是對的,我可不承認。是不是啊?它怎麼能夠那麼延續下來呢?我們現在奏的樂,認爲是把古典的復活,當然可以。它用的是現代的東西,意思上是說古典音樂。但是,當時唐代的音樂真是這樣子嗎?現在製的《霓裳羽衣曲》就是楊貴妃跳的那個曲子嗎?我不相信。這個是一個希望,但是難度蠻大的。

五、兒化的問題

問:我想請問您一個小的問題。這個是我幾年前碰到的問題,一直想,但是現在還不是很清楚。兒化的"兒",在我的方言裡頭,如正常的話,單字是讀陽平,但是它在詞裡頭就有三種現象。一種讀成陰平調了。往往是在人名後面或者稱謂後面。比如"弟弟"叫"兄兒","妹妹"叫"妹兒",感覺後面是個陰平調。如果是一個人的名字,比如小孩子叫"雙泉",叫"雙泉兒(陰平)",還有動物的名字,比如說"貓兒""狗兒"。還有一些情況,非生命的,如"板凳兒""桑泡兒"。這種情況是:如果跟人有關的,肯定都是讀陰平;如果跟小動物有關的,大部分都是讀陽平的,是降調;還有一些詞,非生命的和包括一些小動物,"兒"有陰平、陽平兩讀。幾年前,我想這可能是輕聲演變的一個方向。我那個西南官話的小方言裡頭,輕聲的表現就是讀陰平調,跟陰平合流。但是究竟是不是,我自己還不敢保證。後來看到王士元先生的"詞彙擴散"。但是詞彙擴散是一組字朝一個方向變,參差不齊。這個問題是一個"字"或說一個"詞"在不同的詞裡表現得參差不齊的現象。我就不清楚在別的語言或方言裡有沒有類似的情況,這個情況到底該怎麼解釋?

答:在我聽來,你剛才講的那個現象,我覺得恐怕先要分類,然後看它演變的方向。事實上你已經分了三類,我覺得你走的路綫恐怕是對的,最後的那一類,我也覺得是個輕聲問題,換句話說,是詞尾輕聲的問題。前面的那個"兒"是不是在意思上跟輕聲稍微不同?就是不止是名詞詞尾,還是有其他的意思,我懷疑恐怕你要分開三個類來説。

討論：

提問人：一開始我想，完全虛化的，比如在表人名詞的後面，或者在稱謂的後面，讀陰平調。如果它還沒有完全虛化，像"貓兒""狗兒"，還是陽平調。但是一些非生命的，比如"板凳兒"這些東西，它就是陰平、陽平都可以。

丁邦新：我臨時的想法，可能這非生命的這一組也許走得最快，因爲這個名詞詞尾越來越沒有具體的意義了，不像"貓兒""狗兒"，因爲它有生命的關係，還有一些意義。大概不能把大貓、大狗叫"貓兒""狗兒"？不行吧？

提：不行。

丁：換句話説，這是個小稱。小稱跟詞尾可能有不同。表人的那個地方，當然可能又有不同的現象。我猜想這個你恐怕要分開三類來看，然後説作某一種用法的，譬如説作名詞詞尾的意思已經不清楚的這種，它開始變化，所以陰平、陽平兩個都可以。

提：您認爲在表人名詞後面的或者稱謂的後面不應該是最快的，而是應該把它分成兩種？

丁：我不大敢説。我覺得詞尾的那種恐怕是變化最快的。你是哪裡的方言？

提：西南官話。

丁：現在研究小稱的多得不得了，大家都有興趣啊。有些小稱很難講，它整個的東西都不見了，只是後面小稱的調跑到前面去，前面那個字受後面小稱的影響變了調，後面的東西丟掉了，所以你一點都看不出來。我的一個學生叫陳忠敏就對小稱有些研究。我覺得他文章寫得蠻不錯的。有一些很高的調，從哪來的呢？根本不知道，後來才發現它根本是個小稱，後面的東西掉了，前面的調變了。就是個小稱。

六、漢語、台語與質變

問：您在討論漢台（語）數詞之間關係的時候，用到了"像"這個字，例如："三"，台語是 səm A，漢語是 səm 平；"二"，台語是 ńi B，漢語是 njid 去。（參看《音韻學講義》第八講。）上古音，跟古台語聲母很"像"，那麼您在確立關係詞的時候是根據相似還是語音對應？這些數詞如果僅是相似而不符合每組對應的話，能看作關係詞嗎？

答：你的關係詞是什麼意思？關係詞是說同源詞，還是說它們彼此有關係？假如看上去像，我一定可以看作關係詞，因爲你什麼關係沒講清楚嘛，究竟是同源還是不同源，也不知道。那麼我絕不只是要"很像"。那天我講的時候，舉出了"五"跟"六"兩個字，然後每一組都舉三個例子，同時把它類似的演變也找出相關的例子。所以那天除掉討論古台語的 hŋ 與上古漢語 ŋ 的對應以外，還有 hn 與 n 的對應，hm 與 m 的對應，這個是整套的關係。換句話說這個是對應的，而且是同源詞關係，所以相像。看起來像，只是給你一點綫索，假如你要根據這個綫索研究它是不是同源詞，你一定要下工夫，至少舉三個例子。因爲一個例是孤立的，所謂孤例，非常容易推翻；兩個有點危險；到了三個的時候，你就有點立足之地，大概不是那麼容易推翻你。當然你找的越多越好，可是最少要有三個例子。那麼，實在沒有怎麼辦？那你只好說：這個問題我在疑似之間，不大能夠肯定。因爲有可能其他的解釋就把你這個例子解釋掉了。所以，我雖然在課上說"很像"，但是我確立關係時不是只是靠相似，當然是靠語音對應。三個成系統的對應就是語音對應，不是相似。

"這些數詞僅是相似而不符合每組對應的話，能看作關係詞嗎？"還可以看作關係詞啊，它也許是借詞。怎麼個借法，不一定知道。因此每一個詞都要去研究它。我覺得應該符合一組的對應，才能算是同源詞。所以我覺得從相似得到提示，然後你應該設法找出它的對應關係。關係詞還是可以啊，你看它像，它就是像嘛。但是你要說只是一個字像，可能是借詞，根本就不能多說什麼，是吧？

*　　　　*　　　　*

問：承上問，假設這些數詞是關係詞，您認爲它們不可能是借詞,因爲"五、六"的聲母不是很像,還是不符合某組對應?但是可能正因爲是借詞,由於台語沒有與漢語相同的音而用一個台語音系中與之類似的音去對譯,如"五",用 h- 對應 ŋ-,您認爲有這種可能嗎?

答:這個可能性我考慮過的,可是這話不對。因爲台語本身有 ŋ-,而且有 n-,有 m-。這三個音差不多東亞的語言大概都有吧?我沒很注意。但是,基本上這種 ŋ-、m-、n- 是最自然的音。很少說有這一組 hŋ-、hm-、hn-,而沒有那一組 ŋ-、m-、n- 的,這個可能性非常非常小。所以這個地方,"因爲'五、六'兩個字的聲母不是很像。"我的意思不是說不是很像,而是說沒有辦法從漢語借過去。因爲找不出漢語疑母字有 h- 的源流可以借過去。我是從這方面立論的。

你可以說:台語沒有 ŋ-,只好 h- 拿代了。那麼我現在告訴你,台語本身有很好的 m-、n-、ŋ-,很清楚。所以我說這個聲母不是不符合某組對應,或者不是很像。而是說基本上沒有一個可借的來源。古台語當中有個自然的、好好的 ŋ-,爲什麼要用 h- 呢?你忘了嗎?在台語本身的七八個方言裡頭,前面三個它是 h- 或者是 ŋ-,後面的那五個,全都是 ŋ-,疑母的就是 ŋ- 嘛。所以台語清清楚楚地有 ŋ-,沒問題。

* * *

問:上次您擬測那個古漢台語,把上古漢語跟古台語分開,說聲調是在兩者分開之後才產生的。然後就解釋"雁"字古漢語是一個陽的調,而古台語中是一個陰的調。但是,那怎麼解釋漢語上古音跟台語平上去入都對得特別好?平對平,上對上,去對去。這個怎麼解釋?

答:我說從前假如有這麼一個東西 hŋ-,在漢語保留 ŋ-,在台語保留 h-,因爲漢語是陽調,台語是陰調,兩個顯然不配,所以我得假定聲調是在古漢語跟古台語疑母的分化之後產生的。換句話當聲調產生的時候,漢語已經是 ŋ-,台語已經是 h-,所以聲調可以是不同的。

你現在的問題是說,平上去入對得很好,怎麼回事呢？它同樣是後來產生的。我現在並沒有說台語的聲調跟漢語的聲調有關係,我沒有這麼講,並沒有說它們的聲調有發生學上的關係。它對得很好——A、B、C、D 對我們的平、去、上、入,這個關係是看得出來的。但是這個是不是說它在發生學上就同時發生？完全不知道。因為聲調的產生可能有先後。台語聲調按清濁變,已經有人說這是類型學上問題。可是我們可以看得出來台語聲調的變化跟漢語並不完全一樣。它有一套所謂前喉塞的濁音,像帶喉塞音的 ʔb,走的是陰調的路綫。從現在看,古台語從前根據什麼條件變成某一個調,跟中國的演變路向並不完全相同。現在看得出來的就是說他們的 A、B、C、D 跟我們的平、去、上、入相當。相信是在古漢語跟古台語分化以後產生的,那麼產生了以後,A1、B1 正好對我們的陰平和陰去,這個關係我現在並沒有一個肯定的看法,究竟這兩者之間是不是能夠從發生學上來講,是不是有清楚地對應關係,真是不敢說。對漢語、台語之間的關係,第一個想做的事情就是解決它的元音問題。就是在什麼情形底下,我們的四個元音或者五個元音變成了台語的的九個元音。基本上你要先把台語那邊的元音理清楚,這是很費事的事情。因為它有些東西只出現在某一種韻裡,還有某一個聲調,然後它又有長短音,要把這個理清楚。漢語跟台語的比較困難究竟在哪裡？就是我們不知道哪些是絕對可靠的同源字。你要根據同源字才能說彼此的關係。我在前面的一篇文章《漢藏系語言研究法的檢討》裡頭,我只拿數詞做了一點點推論,發現可能有一點規則,在某個條件下變某個元音,怎麼變,可能有些規則。這個東西你一定要等到字多了才能做。聲調很可能有關係,也可能沒有關係,不知道。但是從"雁"漢語陽聲調而泰語陰聲調看起來,古漢語跟古台語疑母的分化恐怕是在聲調產生以前。等到聲調產生以後,它才可能一個變陰,一個變陽,如果這個時候古漢台語就有聲調的話,那 hŋ- 應該是個陰聲調,而漢語不是。所有閩語裡頭疑母字讀 h- 的——我那天舉了一些例子,像"螞蟻"的"蟻"、"魚"啊、"瓦"啊,它的調都是陽調。疑母在兩個語言分化,新聲母產生之前還沒有聲調,在這產生以後才有聲調。我想過程應該是這樣。這個現象我想了好久,因為調完全不同啊。假如認為聲調是原始就有的,這個問題沒法子解決。後來我們知道聲調的產生可能有早晚,藏語的聲調到現在為止,有的還正在發展,顯然有早晚的不同。可是,你看看,台語的聲調跟漢語那麼樣地像,不像完全單獨發展的結果,這個現象很可疑。別人說清濁變陰陽,這個一點都不奇怪。很多語言都這樣。現在我們知道很多跟漢語沒有關係的一些語言,也有類似的現象,只是它的分類可能不同。

*　　　　*　　　　*

問:陳保亞先生用核心詞階曲綫的辦法來區別同源詞與借用,提出漢越語言聯盟說,您對此有何評論?

答:我的評論見於我的文章。我可以就這個稍微多說幾句。但是他有一個回應,這個回應我還沒有看得很仔細。我對於核心詞的觀點,我總覺得用一百個詞或者兩百個詞來決定一個語言跟另一個語言的關係究竟是一個什麼樣的情形,總覺得立足點不是很強——就是討論的根據不是很強,因為你才根據一百個詞。對於前一百個詞跟後面一百個詞之間的關係我想他說得對,前面的一百核心詞的可靠性應該高於後面的。可是你怎麼知道前一百詞裡例字多於後一百詞呢?必須要找對應,找同源詞。找到同源詞以後,你說:你看這前一百詞裡頭例子有這麼多,而後面的有這麼多,所以它是同源不是借詞,或者說所以它是借詞,不是同源關係,沒有發生學的關係。假如在前面的一百詞裡頭多出兩個,或者多出三個例子來,那麼它就可能超過後面的那一百詞。這個問題就是說,如果那一百個詞都是清清楚楚的,你果然找出一百個來,後面的一百也清清楚楚。這個時候,我想他的推論可能是對的,因為畢竟核心詞移借的可能比較小。因此他的所謂"階"的觀念可能是對的。

可是當你找不出那麼多詞的時候,前面一百詞當中你只找了二十個，後面一百詞你找了三十個。這個時候你就說，顯然後面的超過前面的。這個話有危險。我們現在台語當中總共才找了幾個同源詞？以前有人通通否決，說那都是借詞。李先生列出來那個大概有一百多吧？那裡頭還有很多詞大家有意見。有意見不奇怪，可能他覺得有關係而別人不同意。但是正如剛才的問題所說的，你有沒有一組對應？他那裡頭有些是有的。所以我在最近的文章裡頭也提出來，說看得出來哪個對應哪個，而且不止一個詞，是一組詞。但是畢竟我們現在還沒有搞清楚究竟有多少個。假如說我們真的找到了一百個，那我想也許陳先生這個理論可以。但是當我們還在摸索，不知漢語跟台語有沒有關係，那裡頭究竟有多少詞相關的時候，如果我們就下定論，可能說得早了一點。

我在《漢藏系語言研究法的檢討》那篇文章裡頭，我對這個意見稍微有一點批評。我也不能夠詳細地講得很清楚。譬如說"語言聯盟"意思就是說這兩個語言關係非常強吧？也有人說，原來它是某一種語言產生了質變，它本來是這一種，可是因爲產生了質變，變成了另一種。對這個說法，我都覺得有一點懷疑。就是說，你要不要追究彼此之間有沒有發生學的關係？假如說，完全不要追究，那兩回事。可是在我來講，我現在想追究的正是漢語台語之間究竟有沒有發生學上的關係。如果要解決這個問題，那麼我覺得，我們用"聯盟"，或者用"質變"這樣的觀念，可能會模糊我們所想追究的真相。我覺得陳先生的"詞階"這個說法，我並不是完全反對，我只是說這個東西在用的時候得要小心，不曉得到什麼時候才能用。假如我們現在拿漢語方言來作例子，這個大概沒有問題。因爲我們漢語裡頭現在清清楚楚，大概一百個詞裡頭可以找到九十幾個吧？大概跟閩語的關係比較遠，最基本的核心詞大概少一點。他也做過歐洲語言的比較，但是我覺得因爲我們已經肯定了歐洲語言有關係，所以做的時候當然容易。如果是不可知的兩個語言，你要去做的話，這個當中就需要花一點工夫，不是那麼容易做的。

* * *

問：還有一個關於語系上的問題。我曾經看過一個材料,說是可能在十五六世紀,有一支回族從越南的占城遷到了海南三亞,這些人講的話是高棉語,屬於南亞語系的話,是多音節的語言,到了三亞以後,經過很長的時間,他們的話變成了接近單音節的語言,可能還保留了幾個多音節的詞。他們的單音節都是從多音節的詞裡面截取了一個音節而保留下來。像這樣的一種語言,現在應該屬於什麼樣的類型,或者說它是不是會發生從南亞語系變到漢藏語系的情形?現在應該怎麼看待它的類型上的歸屬?

答：好極了,這個問題是我那天講的時候沒有多說的一點,我那天不是批評沙加爾說南島語跟漢語有關係嗎?我說南島語的音節一種是 CVCCVC,另外一種是 CVCVC,換句話說,基本的音節都跟漢語不同。假如漢語從那兒來的話,得要把一個音節去掉。我那天只說到這裡,我就沒有提你剛才問的回輝話,那是回輝,就是三亞的那個地方。它確實是兩個音節掉了一個音節,就是跟漢語接觸了很久以後,有一個音節掉了。可是我對沙加爾的批評是說,掉的音節有的是有條件的,看得出來,有的根本沒有條件,不知道掉了哪一個。我有點懷疑。回輝話是很清楚的,我現在忘了,是掉後面一個音節,還是前面一個音節。反正掉了一個音節,原來它是一個少數民族南亞語,照你所說,後來就變成漢語,至少是現在看起來非常像漢語。這個就是有人說的"質變"。當我問你現在這個語言是個什麼東西,這是很難回答的問題。你只能從這個語言裡頭追究它古時候的音,而且你也要看它跟漢語的對應,是不是每一個音都對得上。如果音都對得上,都受了漢語影響,那你根本沒有辦法,根本找不出來原來的東西了。現在畬族的人有很多講客家話,他根本不會畬語,你能不能說客家話是畬族的語言系統呢?這個顯然不行。所以民族跟語言當中會有一個距離,我覺得非常難以判斷。我們說這群人現在說什麼話,好了,我們只能就現在的話的實際情形來看。假如這個話都變了,就是變了,我們並不能夠從這個話裡面推測它原來古時候怎麼樣,除非裡面有某些東西你可以找得到聯繫。這個回輝話是可以的，所以我覺得那是個漢化的南亞語，是一個有南亞語基層的漢語，絕對沒有問題。

七、對北大漢語史專業的期許

問：請您談談對我們北大中文系，對我們漢語史的期望、期許。這都是我們的下一代。

答：我以前講課時差不多都說過，就是我希望不要限制自己的路。最好不過把方言跟音韻結合，把漢語跟非漢語結合。千萬不要說，我做方言的，我就不管音韻學，或者我做音韻的，我就不管方言。這個千萬要不得，這樣做的結果，你就自己把路限制死了，你談到相關的東西就不能談了。音韻和方言之間的關係，我在第一堂課，老早就講了它們的關係非常密切。現在，漢語跟非漢語之間的關係也開始密切起來。龔煌城先生在這兒講演，基本上是用非漢語的資料來比較。

整個北大的漢語研究我還是非常看好的。你們這邊的師資我想在國內恐怕是第一個，無出其右，各方面的人都有，我非常佩服。但是學生不要限制自己的路。最好不過聽聽別的課。不要說我現在是鑽研古文獻的，所以有些東西就不要知道。最好不過你放寬一點，寬一點以後研究才不會太窄。當然我開頭也講了，一個人力量有限，不可能專注做很多事情。做很多事情當然很難，畢竟你現在奠基的時候還是可以把基礎稍微打寬一點。我覺得這邊的訓練相當好。因為我覺得無論你做什麼的，只要做語言的，調查一定要做。我看這邊基本上都帶同學出去調查，剛才那位同學說是調查了常熟方言。我告訴你，你要是從來不調查一個真正的語言啊，你就不知道語言當中有那麼多奇奇怪怪的東西。你總以為這個字很清楚，那個字很清楚。才不呢！你一問才知道好些奇怪的現象。你不從實際的語言調查來做的話，你總是對語言本身有一點隔閡。至少你要把自己的方言給做了。這樣你才不會隔閡，你才知道語言是怎麼樣的東西。所以我對這邊的期望也就是很簡單的幾句話。我覺得基本上這邊的訓練還是很好的。

參考文獻

陳保亞(1997)　核心關係詞的關係與語源,《中國語言學論叢》第 1 期。
陳重瑜(1991)　從中古音到北京音系:陰平調流入與流出的字數比較,《世界漢語教學》第 1 期。
丁邦新(1975) Chinese Phonology of the Wei-Chin Period—Reconstruction of the Finals as Reflected in Poetry,《魏晉音韻研究》,史語所專刊之六十五。
丁邦新(1975/1998)　平仄新考,見《丁邦新語言學論文集》,北京:商務印書館。
丁邦新(1981/2008)　元曲韻字示意說之探討,見《中國語言學論文集》,北京:中華書局。
丁邦新(1981/1998)　與中原音韻相關的幾種方言現象,見《丁邦新語言學論文集》,北京:商務印書館。
丁邦新(1984/1998)　吳語聲調之研究,見《丁邦新語言學論文集》,北京:商務印書館。
丁邦新(1988/1998)　吳語中的閩語成分,見《丁邦新語言學論文集》,北京:商務印書館。
丁邦新(1994/1998)　漢語上古音的元音問題,見《丁邦新語言學論文集》,北京:商務印書館。
丁邦新(1998)　漢語方言接觸的幾個類型,《語言學論叢》第二十輯,北京:商務印書館。
丁邦新(1998)　《丁邦新語言學論文集》,北京:商務印書館。
丁邦新(2000/2008)　漢藏系語言研究法的檢討,見《中國語言學論文集》,北京:中華書局。
丁邦新(2002/2008)　上古漢語的構詞問題——評 Laurent Sagart: The Roots of Old Chinese,見《中國語言學論文集》,北京:中華書局。

參考文獻

丁邦新(2003)　《一百年前的蘇州話》,上海:上海教育出版社。
丁邦新(2008)　《中國語言學論文集》,北京:中華書局。
丁邦新、何大安、楊秀芳、羅肇錦、顧百里(1977)　閩語方言研究選目,《中國書目季刊》第十一卷第二期。
丁福保(1959)　《全漢三國晉南北朝詩》,北京:中華書局。
丁聲樹(1933)　釋否定詞"弗"、"不",載《慶祝蔡元培先生六十五歲論文集》,史语所外編第一種。
董同龢(1948)　上古音韻表稿,《史語所集刊》18本。
杜其容(1976)　論中古聲調,《中華文化復興月刊》第九卷第三期。
耿振生(2003)　北京話文白異讀的形成,《語言學論叢》第二十七輯,北京:商务印书馆。
龔煌城(2004)　《漢藏語研究論文集》,北京大學出版社。
何大安(1984)　變讀現象的兩種貫時意義——兼論晉江方言的古調值,《史語所集刊》55本1分。
——(1985)雲南漢語方言中與腭化音有關諸聲母的演變,《史語所集刊》56本2分。
黃典誠(1980)　閩語人字的本字,《方言》第4期。
金周生(1985)　中古漢語具十六種調值說,《輔仁文學》。
李方桂(1971/1982)　《上古音研究》,北京:商務印書館。
李　榮(1965)　語音演變規律的例外,《中國語文》第2期。
李如龍(2001)　論漢語方言特徵詞,《中國語言學報》第十期。
龍宇純(1970)　《廣韻》重紐音值試論,兼論幽韻及喻母音值,《崇基學報》九卷二期。
魯國堯(2002,2003)　顏之推謎題及其半解,《中國語文》2002年第6期,2003年第2期。
陸志韋(1948/1985)　古音說略,見《陸志韋語言學著作集》(一),北京:中華書局。
羅常培(1958/2004)　《切韻》魚虞的音值及其所據方音考,見《羅常培語言學論文集》,北京:商務印書館。
羅常培(1958/2004)　釋重輕,見《羅常培語言學論文集》,北京:商務印書館。
羅常培、周祖謨(1958)　《漢魏晉南北朝韻部演變研究》(第一分冊),北京:科學出版社。

羅杰瑞(1983)　閩語裡的古方言字,《方言》第 2 期。

梅祖麟(1970/1974)　中古漢語的聲調與上聲的起源,黃宣範譯,《幼獅月刊》40 卷 6 期。

甯忌浮(1977)　《古今韻會舉要及相關的韻書》,北京:中華書局。

甯忌浮(1990)　《中原音韻》與高安方言,《陝西師範大學學報》第 1 期。

潘悟雲(2000)　《漢語歷史音韻學》,上海:上海教育出版社。

沈鍾偉(1994)　The tones in the Wujiang dialect, *Journal of Chinese Linguistics* 22. 1.

孫景濤(2008)　《古漢語重疊構詞法研究》,上海:上海教育出版社。

汪　平(1983)　蘇州方言兩字組的連讀格式,《方言》第 4 期。

王　力(1957/1980)　《漢語史稿》,北京:中華書局。

王　力(1963/1981)　《中國語言學史》,太原:山西人民出版社。

王　力(1985/2008)　《漢語語音史》,北京:商務印書館。

王士元(1969/2010)　Competing Changes as a Cause of Residue,見《王士元語音學論文集》,北京:世界圖書出版公司。

謝美齡(1990)　慧琳反切中的重紐問題(上、下),《大陸雜誌》第 1、2 期。

謝自立(1982)　蘇州方言兩字組的連讀變調,《方言》第 4 期。

許世瑛(1974)　《許世瑛論文集》,台北:弘道文化事業公司。

嚴耕望(1975)　揚雄所記先秦方言地理區,《新亞書院學術年刊》第 17 期。

嚴可均(1961)　《全上古三代秦漢三國六朝文》,台北:世界書局。

楊耐思(1981)　《中原音韻音系》,北京:中國社會科學出版社。

楊時逢(1969)　《雲南方言調查報告》,史語所專刊之五十六。

葉祥苓(1958)　吳江方言的聲調,《方言與普通話集刊》第五本。

葉祥苓(1979)　蘇州方言的連讀變調,《方言》第 1 期。

于海晏(1936)　《漢魏六朝韻譜》,北京:中華書局。

余迺永(1993)　《新校互註宋本廣韻》,香港:香港中文大學出版社。

張　琨(1972/1987)　古漢語韻母系統與《切韻》,張賢豹譯,見《漢語音韻史論文集》,台北:聯經出版事業公司。

張盛裕(1984)　銀川方言的聲調,《方言》第 1 期。

趙蔭棠(1936)　《中原音韻研究》,上海:商務印書館。

趙元任(1928/1960)　《新詩歌集》,台北:商務印書館。

趙元任(1928/2011)　《現代吳語的研究》,北京:商務印書館。

趙元任(1956/1980) 《語言問題》,北京:商務印書館。
趙元任(1961)　說清濁,《史語所集刊》30 本。
趙元任(1968/1980) 《中國話的文法》,丁邦新譯,香港:香港中文大學出版社。
趙元任、丁聲樹、楊時逢、吳宗濟、董同龢(1948)《湖北方言調查報告》,史語所專刊之十八。
鄭錦全(1973)　A Quantitative Study of Chinese Tones,*Journal of Chinese Linguistics* 1.1。
周祖謨(1938)　《廣韻校勘記》,史語所專刊之十六。
周祖謨(1966)　切韻的性質和它的音系基礎,《問學集》,北京:中華書局。
周祖謨(1966)　萬象名義中之原玉篇音系,《問學集》,北京:中華書局。
朱德熙(1991)　"V-Neg-Vo"與"Vo-Neg-V"兩種反覆問句在漢語方言裡的分佈,《中國語文》第 5 期。
竺家寧(1981)　《古漢語複聲母研究》,台北:中國文化大學中國文學研究所。
竺家寧(1986)　《古今韻會舉要的語音系統》,台北:學生書局。
Baxter, William H. III(白一平)(1992)　*A Handbook of Old Chinese Phonology*, Berlin:Mouton de Gruyter.
Coblin, W. South(柯蔚南)(1974—1975)　The Initials of the Wei-Chin Period as Revealed in the Phonological Glosses of Kuo P'u and Others, *Monumenta Serica* 31.
Coblin, W. South(柯蔚南)(1983)　*A Handbook of Eastern Han Sound Glosses*. Hong Kong:The Chinese University Press.
Hashimoto, Mantaro(橋本萬太郎)(1978—1979)　Phonology of Ancient Chinese, *Study of Languages and Cultures of Asia and Africa*, *Monograph Series*, No. 11.
Jäschke, H. A.(1965)　*A Tibetan-English Dictionary*. New York:Frederick Ungar Publishing Co.
Serruys, Paul L-M(1957)　Study of the Chuan Chu in Shuo Wen,《史語所集刊》29 本。
Serruys, Paul L-M(1959)　*The Chinese Dialects of Han Time according to Fang Yen*. Berkeley and Los Angeles:University of California Press.

附　錄

從歷史層次論吳閩關係

提要：我以前認爲浙南的吳語方言具有閩語的底層，最近的研究顯示吳閩兩種方言之間確有對應的歷史層次。本文增加語音和詞彙的證據來加強舊說："南北朝時代的吳語就是現代閩語的前身，而那時的北語則是現在吳語的來源。"

關鍵詞：底層　歷史層次　吳閩關係

零、引言

以前我發表《吳語中的閩語成分》一文（丁 1988，1998），根據平陽蠻話和麗水方言"端知"不分的現象和若干閩語的詞彙，提出一個想法，認爲浙南的吳語方言具有閩語的底層，從歷史層次的角度試著解釋吳閩之間的關係。同時從語音和南朝口語及當時"吳歌"的詞彙說明："南北朝時代的吳語就是閩語的前身，而那時的北語則是現在吳語的來源。"其實早在 1983 年，羅杰瑞（Jerry Norman）就已經從閩語的十四個方言詞推斷閩語有來自古南方漢語的可能，他說："the Min dialects derive from an ancient southern variety of Chinese."（Norman 1983：209），並且在一個注裡說明古吳語和現代的吳語並沒有直接承襲的歷史關係。周振鶴和游汝杰研究移民史，也說漢末到晉初福建的移民來自江南浙北，那時的"福建方言即是當時的吳語"（周振鶴、游汝杰、1986：38—39）。可以說學術界在接近的年代從不同的方向得到一個共識。王福堂（1999：69）也說："從目前吳閩兩方言的重要共同點引出現代閩方言是中古吳語繼承者的結論，是言之成理的說法。"

最近魯國堯先生提出質疑，他認爲："南下到江淮地區的北語是江淮方言,亦即下江官話的前身。四世紀前本北抵淮河,東晉南朝後退居今常州以南的吳語與現代吳方言一脈相承。"(魯國堯 2002:549)這是一個不同的看法。顏之推在《顏氏家訓・音辭篇》說:"南染吳越,北雜夷虜,皆有深弊,不足具論。"魯先生同時指出這個"深弊"究竟指的是什麼問題,實在是一個"千古之謎"！現在我想就這兩個問題提出幾點證據,作進一步的釐清。

壹、顏之推所說的"深弊"是什麼?

我們細細玩味《顏氏家訓》這幾句話,"南染吳越,北雜夷虜,皆有深弊,不足具論。"其實他不具論的"深弊"就是字面的意思,就是說當時的南北方言混雜著吳越和夷虜語言的成分,從顏之推追求漢語"正音"的態度來說,這當然是"深弊"。

何大安(1993)曾專門討論六朝吳語的層次,根據文獻的材料,他認爲六朝吳語從來源上可以分析出四種層次:(1)非漢語層,(2)江東庶民層,(3)江東文讀層,(4)北方士庶層。其中"非漢語層"可能指越族或山越的語言。他引用陳寅恪(1943),說明這種說"非漢語"的越族分布在六朝史籍稱爲"吳"的地區,我很相信他的論斷,這也就是《顏氏家訓》"吳越"一詞的意義。

"非漢語"的成分夾雜在漢語之中,自然是"深弊",以當時顏之推的了解,相信要弄清楚這些"非漢語"的問題,簡直是不可能的事,只好不具論。對於這幾句話的問題,魯先生的長篇解釋可能求之太深。

貳、六朝吳語的層次問題

何大安(1993:872)說:"東晉南朝吳語中的兩種語體,一爲土著吳語,一爲南渡北音,系統上並不相同。南渡北音,也就是北方士庶層的負載者,就共時的平面而言,這一層集中在士人階級。但是前文已經說過,士人階級原來就有江東文讀層的一面。所以士人階級也有北方士庶和江東文讀兩系統的並存。這兩種系統的交融,產生了後來大部分爲《切韻》所本而爲唐人批評的'吳音'。"我相信他這裡所說的"吳音"就是今天吳方言的祖先。

至於"江東庶民層"就是"土著吳語",何大安舉出幾種語音上的特點:"耕陽"合流,"齊仙"不分,"監元"無別。並以今天的吳語方言爲例,似乎認爲江東庶民說的方言就是一種類似今天的吳語方言,這一點跟我的意見並不相同。第一,既然"土著吳語"和"南渡北音"系統不同,如果"南渡北音"是"吳音",而"土著吳語"就不該還是"吳音"。第二,證明語音特點的文獻也許有別的解釋的可能。第三,他用的文獻中有一條引《後漢書》徐登傳,其中提到趙炳"梧鼎而爨",這個指稱鍋子的日常用語"鼎"正是閩語特殊的詞彙。① 整體說來,我同意何大安的分析,認爲南北朝時代有四種層次,(1)非漢語層,(2)江東庶民層,(3)江東文讀層,(4)北方士庶層。只是其中"江東庶民層"所用的語言可能是閩語。

叁、語音的證據

我認爲吳語有閩語的底層是從語言本身的證據來立論的,以前主要的根據是浙江西南的吳語有端知不分的現象,不是零星的幾個字,而是成系統的材料。② 近年來我們對歷史層次有了更深切的認識,對吳閩的關係也有了進一步的分析。鄭張尚芳(2002)指出浙南吳語和閩語在語音詞彙語法上都有深層的聯繫,他認爲"閩語與吳語現在面貌很不相同,歷史上卻都是從古江東方言發展出來的。"陳忠敏(2002)更進一步證明吳語跟閩語有層次的對應。③ 這裡我就來介紹他文章的要點。

陳忠敏主要討論虞韻字在吳語和閩語中層次的對應.他說:"虞韻的韻母有層次分別的方言可能只是存在於吳語西南角處衢片的一些方言裡。"他發現吳語和閩語虞韻字的讀法各有三個層次,而且這三個層次彼此對應.以開化話代表吳語,以福州話,廈門

---

① 請參見我(1992)的討論。
② 請參看丁(1988)的文章,此處不再重複。
③ 以上提到的這兩篇文章都是在1999年香港科技大學召開的第六屆國際閩方言研討會上發表的,後來收在丁邦新、張雙慶(2002)合編的論文集裡。

話代表閩語,層次的關係可以用下表呈現:

	開化話	福州話	廈門話
第一層	iɯ	ieu	iu
第二層	uːə, yːə/eːu	eu	ɔ
第三層	u, y	u, y(øy)	u

第一層的例字如:"鬚,樹,珠(目珠)",第二層的例字如:"斧,朱,輸,芋",第三層的例字如:"主,廚,書"。第三層是文讀音,第一二層都是白讀音,有早晚的不同。早的一層可能是上古音殘留的現象,晚的一層是魚虞有別的層次。有意思的是這是第一次發現吳語和閩語都有三個層次,而且這些層次具有清楚的對應。

梅祖麟(2001)引用曹志耘等(2000)處衢方言的資料,認爲浙南吳語中魚虞兩韻的字各有三個層次,同時有一個層次支與脂之有別。如果加上閩語的材料,則吳閩兩個方言都有一個南朝層次,反映當時的江東方言。另外,吳瑞文(2002)研究吳閩方言仙先兩韻的關係,也認爲兩者有對應的層次。

按照我的說法,浙江西南的吳語有閩語的底層,以上三位發現的深層聯繫正好印證我的說法。這是語音上更深一層的證據。

肆、詞彙的證據

以前我在文章裡提到兩種詞彙上的證據,一種是吳語跟閩與共有的詞彙,同時還在《南史》與南北朝的吳歌裡找到閩語獨有的詞彙"骹"和"儂",我以爲這是相當有力的證據。

最近李如龍(2002)特別提到:"最有趣也最值得注意的是,有些古代詞書上指明是吳語的方言詞至今還普遍保留在閩語之中,而在吳語卻大多已經失傳。以下各條至少在已有的吳語材料中還很少見到反映:(1),《方言》:"㮇謂之袖"。郭註:"衣褾音肿,江東呼㮇,音婉。"今閩語多稱衣袖爲"手㮇"。……(2)候,《方言》:"陳楚宋魏之間或謂之筲,或謂之候。"郭注:"瓠勺也,今江東通呼勺爲候,音羲。"《廣韻》作㪏,許羈切,"杓也"。今沿海閩方言還有好些帶㪏字的說法。……(3)豨,《爾雅》:"豕,子豬。"郭註:"今亦曰豯,江東呼豨。"今閩北、閩中均呼豬爲豨,建甌音 k'y³,永安音 k'yi³。"

他一共舉了十條例子,這裡所引的三例來自於郭璞的《方言》注和《爾雅》注,都證明南北朝的江東方言跟現代的閩語之間在詞彙上有相當的關聯。李如龍的結論說:"這些古吳語詞在現今閩語竟然還如此常用,如此普遍,這充分說明了吳語確實是閩語的早期源頭之一。"這是把南北朝時代的吳語跟現代的閩語牽連起來的另一條線索。

我(1988)曾經說:"吳歌裡還有一些其他的詞彙也具有閩語的特色,我預備另文討論。"現在就來談一談吳歌裡另外兩個詞:閩語稱"晚上"爲"冥",大概各地的閩語都有這個詞,我發現南北朝時代的吳歌裡也有:

  合冥過藩來,向曉開門去。(《讀曲歌》八十九首之三十九)
  詐我不出門,冥就他儂宿。(《讀曲歌》八十九首之四十八)
  願得連冥不復曙,一年都一曉。(《讀曲歌》八十九首之五十五)

這三首歌裡的"冥"都指"晚上",跟現在閩語裡的用法完全一樣。

閩語的第二人稱代名詞讀陰上調的 lu³ 或者 li³,楊秀芳(1991:121)認爲是"汝"字,吳歌裡正好也有這個字:

  語笑問汝道,腹中陰憶汝。(《子夜歌》四十二首之十二)
  阿子復阿子,念汝好顏容。(《阿子歌》三首之一)

當然,"汝"字是文言性的字眼,也許各代的文獻中不乏用例,難以說定它的時代,但是,現代方言中似乎只有閩語才有。即使是文獻,也還有更清楚的例子:

  晉武帝問孫皓:"聞南人好作'爾汝歌',頗能爲不?"皓正飲酒,因舉觴勸帝而言曰:'昔與汝爲鄰,今與汝爲臣,上汝一杯酒,令汝壽萬春。'帝悔之。"(《世說新語·排調篇》)

這條資料裡明說"南人",而且是相當口語化的詞。跟上述吳歌裡的用法放在一起看,我們不得不承認當時南人的口語裡所用的代名詞"汝",到現在還可以在閩語裡找到。

伍、結語

　　爲了推測現代方言跟古代方言的關係，上文談到現代的吳閩方言裡古層次對應的現象，同時試著把文獻記載的語言資料加以解釋。如果要反對這個說法，似乎也要能從別的角度對同樣的語言資料加以解釋，只從歷史文獻中勾稽資料，作種種說明，總覺得隔了一層。

　　魯國堯先生認爲顏之推所說的"深弊"是"覃談寒桓"的分韻與次序問題，這四韻在通泰、吳、贛等方言之中音讀具有一致的現象，"覃談"跟"寒桓"的關係是平行的，次序應該是"談覃寒桓"，而共同的"根"是古吳語方言。可以推知顏之推從《切韻》的角度、以及"覃談寒桓"的次序來看，這一條古吳語方言的關係和四韻的次序實在是一種"南染吳越的深弊"。

　　王洪君(2004)已經指出魯先生忽略了"覃"爲開口，"桓"爲合口的重要區別。"由於古吳方言的談覃與寒桓並無平行關係，因此也就不存在與《切韻》《廣韻》覃談寒桓韻目次序的衝突。"我同意她的意見。

　　退一步來說，即使魯先生的論證沒有問題，"覃談寒桓"的次序不同，能不能算是顏之推眼中的一種"不足具論"的"深弊"，我覺得也值得懷疑。韻目次序的問題只要短短的一段話就可以解釋清楚，何致於嚴重到"不足具論"的程度？上文把"深弊"解釋爲"非漢語層"的成分夾雜在漢語之中，可能性應該更高。

　　現在，回頭看看我以前的說法，當時引用陳寅恪的研究，認爲東晉南朝的"吳語，吳音"跟中原之音大不同，"由於北方士族南來，使北語在南方成爲士族語言，只有一般老百姓才用吳語，做官的江南人大多數也用北語——經過東晉到隋代差不多三百年的演變，可能中原北語勢力漸大，成爲一般人用的語言，而原來的吳語則經由移民帶到福建一帶，慢慢演變爲今天的閩語。"(丁邦新 1988：19，1998：252)現在我們發現的吳閩有密切關係的材料主要集中在浙南，而北部吳語則相對的少見，可以想見當時"北語"對"吳語"的影響是慢慢地把"吳語"推到福建去了，而在浙南留下了層次上相應的痕跡。因此我還是相信"南北朝時代的吳語就是現代閩語的前身,而那時的北語則是現在吳語的來源"。我覺得這個說法至少到目前還沒有被推翻。

(原載《方言》2006年第1期,1—5頁)

參考文獻

[1] 曹志耘、秋谷裕幸、太田齋、趙日新(2000) 《吳語處衢方言研究》,東京:好文出版社。

[2] 陳寅恪(1943) 魏書司馬叡傳江東民族條釋證及推論,《歷史語言研究所集刊》11.1:1—25.

[3] 陳忠敏(2002) 方言間的層次對應,見丁邦新、張雙慶(2002):73—83。

[4] 丁邦新(1988) 吳語中的閩語成分,《歷史語言研究所集刊》59.1:13—22。又見於丁邦新(1998):246—256。

[5] 丁邦新(1992) 漢語方言史和方言區域史的研究,《中國境內語言暨語言學(一)漢語方言》23—29。又見於丁邦新(1998):188—208。

[6] 丁邦新(1998) 《丁邦新語言學論文集》,北京:商務印書館。

[7] 丁邦新、張雙慶主編(2002) 《閩語研究及其與周邊方言的關係》,香港:香港中文大學出版社。

[8] 何大安(1993) 六朝吳語的層次,《歷史語言研究所集刊》64.4:867—875。

[9] 李如龍(2002) 論閩語與吳語、客贛語的關係,見丁邦新、張雙慶(2002):27—45.

[10] 魯國堯(2002、2003) 顏之推謎題及其半解,《中國語文》2002年第6期:536—549;2003年第2期:137—147。

[11] 羅杰瑞(Jerry Norman)(1983) 閩語裡的古方言字,《方言》第3期:202—211。

[12] 梅祖麟(2001) 現代吳語和"支脂魚虞,共為不韻",《中國語文》第1期:3—15。

[11] 王福堂(1999) 《漢語方言語音的演變和層次》,北京:語文出版社。

[12] 王洪君(2004) 也談古吳方言覃談寒桓四韻的關係,《中國語文》第4期:358—363。

[13] 吳瑞文(2002)　論閩方言四等韻的三個層次,《語言暨語言學》3.1:133—162。

[14] 楊秀芳(1991)　《台灣閩南語語法稿》,台北:大安出版社。

[15] 鄭張尚芳(2002)　閩語與浙南吳語的深層聯繫,見丁邦新、張雙慶(2002):17—26。

[16] 周振鶴、游汝杰(1986)　《方言與中國文化》,上海:上海人民出版社。

北京大學出版社語言學教材總目

博雅 21 世紀漢語言專業規劃教材：專業基礎教材系列

　　語言學綱要（修訂版）　葉蜚聲、徐通鏘著，王洪君、李娟修訂
　　語言學綱要（修訂版）學習指導書　王洪君等編著
　　現代漢語（第二版）（上）　黃伯榮、李煒主編
　　現代漢語（第二版）（下）　黃伯榮、李煒主編
　　現代漢語學習參考　黃伯榮、李煒主編
　　古代漢語　邵永海主編（即出）
　　古代漢語閱讀文選　邵永海主編（即出）
　　古代漢語常識　邵永海主編（即出）

博雅 21 世紀漢語言專業規劃教材：專業方向基礎教材系列

　　語音學教程（增訂版）　林燾、王理嘉著，王韞佳、王理嘉增訂
　　實驗語音學基礎教程　孔江平編著
　　詞彙學教程　周薦著（即出）
　　簡明實用漢語語法教程（第二版）　馬真著
　　當代語法學教程　熊仲儒著
　　修辭學教程（修訂版）　陳汝東著
　　漢語方言學基礎教程　李小凡、項夢冰編著
　　語義學教程　葉文曦編著
　　新編語義學概要（修訂版）　伍謙光編著
　　語用學教程（第二版）　索振羽編著
　　語言類型學教程　陸丙甫、金立鑫主編
　　漢語篇章語法教程　方梅編著（即出）
　　漢語韻律語法教程　馮勝利、王麗娟著（即出）
　　新編社會語言學概論　祝畹瑾主編

計算語言學教程　詹衛東編著(即出)
　　音韻學教程(第五版)　唐作藩著
　　音韻學教程學習指導書　唐作藩、邱克威編著
　　訓詁學教程(第三版)　許威漢著
　　校勘學教程　管錫華著
　　文字學教程　喻遂生著
　　漢字學教程　羅衛東編著(即出)
　　文化語言學教程　戴昭銘著(即出)
　　歷史句法學教程　董秀芳著(即出)

博雅21世紀漢語言專業規劃教材：專題研究教材系列

　　實驗語音學概要(增訂版)　鮑懷翹、林茂燦主編
　　現代漢語詞彙(第二版)　符淮青著(即出)
　　現代漢語語法研究教程(第四版)　陸儉明著
　　漢語語法專題研究(增訂版)　邵敬敏等著
　　現代實用漢語修辭(修訂版)　李慶榮編著
　　新編語用學概論　何自然、冉永平編著
　　外國語言學簡史　李娟編著(即出)
　　近代漢語研究概要　蔣紹愚著
　　漢語白話史　徐時儀著
　　説文解字通論　黃天樹著
　　甲骨文選讀　喻遂生編著(即出)
　　商周金文選讀　喻遂生編著(即出)
　　漢語語音史教程(第二版)　唐作藩著(即出)
　　音韻學講義　丁邦新著
　　音韻學答問　丁邦新著
　　音韻學研究方法導論　耿振生著(即出)

博雅西方語言學教材名著系列

　　語言引論(第八版中譯本)　弗羅姆·金等著，王大惟等譯(即出)

語音學教程(第七版中譯本)　彼得・賴福吉等著,張維佳譯(即出)
語音學教程(第七版影印本)　彼得・賴福吉等著
方言學教程(第二版中譯本)　J. K.錢伯斯等著,吳可穎譯(即出)
構式語法教程(影印本)　馬丁・希伯特著(即出)
構式語法教程(中譯本)　馬丁・希伯特著,張國華譯(即出)